主菜・副菜からスープ、スイーツまで！

ZipTopで時短ヘルシーごはん

管理栄養士／
ZipTop®ヘビーユーザー
ゆき 著

大和書房

Zip Topがあれば
毎日のごはんが変わります

プラチナシリコン100％のフードコンテナ「Zip Top」。
コンテナとしてだけでなく調理道具としても超優秀！
忙しくてもごはんを作らないといけない。
おいしいごはんを食べたいけど、ダイエットしたい。
そんなあなたにぴったりのアイテムです。

時短できるから
遅い日にも助かる！

作業ボウルとしても使えるから
洗いものが減る！

加熱している間は
ほかのことができる！

使う油分や脂肪分が
少なくてすむので
カロリーダウンできる!

手間なしでラクなのに
ちゃんとおいしい!

面倒な「ひとりランチ」の
準備もラクになる!

一度使ったら手放せなくなるZip Top。
この本ではディッシュLで作る80のヘルシーレシピを紹介します。

はじめに

はじめまして、InstagramでZip Topのレシピを発信しているゆきと申します。
Zip Topは持っているけれど食材の保管にだけ使っていた、という方や
初めてZip Topを知ってほしくなった！という方、
夕ごはんの支度がラクになったし、その上ヘルシーでうれしい！という方などの
お声をよくいただいています。

私も2歳の娘を育てながら働いている立場として、Zip Topには本当に助けられています。
洗い物は減り、レシピによっては加熱している間に他のこともできますし、
時短にもなります。
投稿でもよく記載している通り、私は産後10kgやせましたが、
それをサポートしてくれたのもZip Topでした。
もちろん、自分なりの節制やストレッチなどにも取り組みましたが、
Zip Topでの調理は味がよくなじむため、調味料が少なめで済み、
脂質や糖質をカットできたことも大きかったなと思っています。

本書では、Zip TopのディッシュLサイズを使って、
日々のごはんづくりを助けてくれるレシピを80点、用意しました。
主菜や副菜はもちろん、ごはん類、スープ、スイーツだって作れてしまいます！
疲れて帰ってきたときにZip Topがあるだけで気持ちがラクになりますし、
あと1品ほしいな、というときもパパッと仕上げることができます。
どのレシピも味の満足感はもちろん、よりヘルシーに、
体が軽くなるような作り方を意識しました。

一度使い始めたら手放せなくなるのがZip Top。
本書であなたの毎日を少しでも楽しく、ラクに、充実したものにするお手伝いができれば
とてもうれしいです。

2024年12月
ゆき

CONTENTS

はじめに ……………………… 4
Zip Topを使う前に知っておきたいこと … 8
本書の使い方 ………………… 12

Part 1 主菜

◆ ふんわり豆腐つくね …………… 14
◆ 鶏むねチャーシュー …………… 16
◆ しっとりサラダチキン …………… 18
◆ 鶏手羽元の照り煮 ……………… 19
◆ チキンのトマト煮込み …………… 20
◆ まるごとピーマンの肉づめ ……… 22
◆ 鶏肉のおさつバター煮 …………… 24
◆ あっさり塩麻婆豆腐 …………… 25
◆ 鶏むねチンジャオロース ………… 26
◆ あっさりゴーヤチャンプルー …… 28
◆ お手軽もつ鍋風 ………………… 30
◆ こく旨ポークチョップ …………… 31
◆ しらたきチャプチェ ……………… 32

◆ 豚とえのきのチーズ焼き ………… 34
◆ 白菜のクリーム煮 ……………… 35
◆ 鮭ときのこのバター蒸し ………… 36
◆ 鮭のちゃんちゃん焼き …………… 38
◆ 鮭のピザ風 ……………………… 39
◆ サバのふっくら味噌煮 …………… 40
◆ 蒸しサバの梅肉だれ …………… 41
◆ 白身魚のにんにく蒸し …………… 42
◆ カレイの煮つけ ………………… 44
◆ ブリのケチャップ照り焼き ……… 45

Column1 ダイエット中の生活について 46

Part 2 副菜

◆ 切り干し大根のツナサラダ ……… 48
◆ 旨だれれんこん ………………… 50
◆ ふわふわ卵焼き ………………… 51
◆ かぼちゃのバター蒸し …………… 52
◆ じゃがいものり塩和え …………… 53
◆ ブロッコリーのデリ風サラダ …… 54
◆ ペペロンブロッコリー …………… 56
◆ きのこのオイル蒸し ……………… 57
◆ しらたきのたらこ和え …………… 58
◆ 豆腐のえのきあんかけ …………… 59
◆ なすとオクラの揚げびたし ……… 60
◆ なすのほっこり煮 ……………… 62
◆ オクラの白だし漬け …………… 63

◆ 長いもとベーコンのサラダ ……… 64
◆ パプリカの和風マリネ …………… 65
◆ 濃厚かぼちゃサラダ …………… 66
◆ 白菜の納豆和え ………………… 68
◆ やさしいひじきの煮物 …………… 69
◆ 大根のしみしみ煮 ……………… 70
◆ 味噌だれこんにゃく …………… 71
◆ かんたんもやしナムル …………… 72
◆ 小松菜とひじきのナムル ………… 73
◆ かんたんエビマヨ ……………… 74
◆ たっぷりトマトのミートソース …… 75

Column2 毎日の献立について ……… 76

Part 3　ワンプレート

- ◆ お手軽カルボナーラ ……………… 78
- ◆ 納豆の塩昆布パスタ ……………… 80
- ◆ 野菜たっぷりビーフン風 ………… 81
- ◆ こんにゃくサンラータン ………… 82
- ◆ たこ焼き風 ………………………… 83
- ◆ 味しみ牛丼 ………………………… 84
- ◆ とうもろこしごはん ……………… 86
- ◆ 具だくさん炊き込みごはん ……… 87
- ◆ とろ〜り親子丼 …………………… 88
- ◆ お手軽ガパオ風 …………………… 89
- ◆ 混ぜるだけビビンバ ……………… 90
- ◆ ヘルシーカルボうどん …………… 92
- ◆ 明太クリームうどん ……………… 93
- ◆ 鶏塩ねぎうどん …………………… 94
- ◆ 豆乳担々うどん …………………… 95

Column3　毎日の栄養について ……… 96

Part 5　スイーツ

- ◆ 米粉の豆腐パン …………………… 108
- ◆ さつまいもの米粉蒸しパン ……… 110
- ◆ はちみつおから蒸しパン ………… 111
- ◆ おからのバナナケーキ …………… 112
- ◆ 米粉のカスタードクリーム ……… 114
- ◆ りんごのコンポート ……………… 115
- ◆ 豆腐のバナナアイス ……………… 116
- ◆ チョコのチーズケーキ風 ………… 118
- ◆ さつまいものチーズケーキ風 …… 119
- ◆ もちもちごま豆腐餅 ……………… 120
- ◆ おからのきなこ餅 ………………… 121
- ◆ 揚げない大学いも ………………… 122

体を軽くしたいときの献立5DAYS …… 124

Zip Topシリーズ ……………………… 126

Part 4　スープ

- ◆ かんたんクラムチャウダー ……… 98
- ◆ トマトとチーズのスープ ………… 100
- ◆ かぼちゃの豆乳ポタージュ ……… 101
- ◆ 具だくさん味噌ポタージュ ……… 102
- ◆ 白菜サムゲタン …………………… 104
- ◆ ほっこり豚汁 ……………………… 106

この本で使うZip Top

本書のレシピではZip Topの「ディッシュ Lサイズ」を使用しています。
※P126.127でZip Top全体のラインナップを紹介しています

ZipTopを使う前に知っておきたいこと

奥深い調理器具としてのZip Topの魅力。
活用するための基礎知識をご紹介します。

Zip Topって？
エコでサステイナブルなアメリカ発のフードコンテナ。

Zip Topはアメリカで生まれた100％プラチナシリコーンのフードコンテナ。耐久性が高く何千回も繰り返し使用ができるこのコンテナはゴミを減らし、エコでサステイナブルな暮らしをサポートしてくれます。また、有害な成分を含まないので小さなお子さんにも安心して使用できるのも魅力のひとつ。食材の保管や持ち運びはもちろん、一体型構造のためフタなしで電子レンジ調理が可能です。開口部も広く、お手入れしやすい頼れるコンテナです。ランチバッグとしてはもちろん、文房具などの小物入れとしても使用可能です。

電子レンジの真ん中に置く

電子レンジ調理の際は、庫内の天地左右中央にコンテナを置いて加熱してください。位置が偏っていると、加熱にもムラが出るので注意。

耐熱温度を守る

Zip Topは耐熱220℃／耐冷−30℃までです。本書では電子レンジを使用しますが、長時間湯せんする場合は、鍋底や鍋肌に触れないように気をつけてください。直火では使用できません。また、火のそばに置くのもNG。Zip Topはシリーズによって高さが異なり、オーブンの熱源が近くなってしまうことがあります。事故につながる恐れがあるためオーブンでの使用は控えてください。

液体は規定量を守る

Zip Top本体の側面には液体量の上限を示す「MAX」の印があります。加熱中の吹きこぼれなどを防ぐためにも、液体は「MAX」のラインを超えないよう注意しましょう。

加熱だけじゃなくていろんなことができる！

具材をもみ込む

お肉や魚など素材と調味料を合わせ下味をつけたいとき、Zip Topなら手を汚さずに外側から具材をもみ込むことができます。ポリ袋のように穴があく心配もありません。

水分をしぼる

柔らかいシリコンを使っているZip Topは底面から折りたたむように丸めることが可能。野菜の水気を切りたいときなどに、口の部分から直接水切りできて便利です。

液ダレしにくい

コンテナの端がシャープになっているので、液ダレしにくく水を注ぎやすいというメリットがあります。あく抜きした野菜の水などを切るときにも端に傾けるだけでらくちんです。

野菜を洗う

フタ部分はもちろん全部閉めることができるので、写真のように野菜と水を入れて振り洗いをすることも可能。水漏れを防ぐため野菜をあまりパンパンに入れないのがポイント。

具材を混ぜる

口が大きく広いので、ボウル代わりにも使えるのがZip Topのよいところ。レシピによってはZip Topに具材を入れて混ぜていき、電子レンジ加熱で完結できるメニューもあります。

具材を切り入れる

「具材を混ぜる」と同様に口の広さもメリットのひとつ。包丁を持ちたくない日には、キッチンバサミを使ってお肉や葉野菜などを切り入れることができて家事がラクになります。

上部は全開か真ん中閉じで加熱する

ZipTopを電子レンジで加熱調理する場合は、フタ部分は全開か真ん中閉じが基本。レシピページではフタの状態をアイコンで示していますので確認してください。真ん中閉じの場合、蒸気が対流するので鶏むね肉などをしっとりと調理することができます。

ブレンダーとは併用しない

ポタージュを作ったり、素材をペースト状にするときに使用するブレンダー。ZipTop内で使用するとブレンダーの刃がZipTopの底面にあたり、削れてしまう恐れがあるので、ブレンダーとは併用しないよう注意してください。

全開▶

◀真ん中閉じ

密封・密閉ではない

フタと本体の一体型構造のZipTopですが、密封・密閉構造ではありません。作った料理をそのままZipTopで冷蔵庫内で保存する際も、コンテナは自立した状態で倒して使わないように注意してください。

「熱さ」に注意して取り扱う

本書で紹介しているレシピは主に電子レンジ600Wで数分〜十数分の幅で食材を加熱していきます。加熱後は火傷の恐れがないよう注意が必要です。加熱直後に取り出す際はZipTop本体も熱くなっているので鍋つかみやふきんなどを使ってつかむようにしましょう。また

フタを開けて仕上がり状態を確認するときも熱気が直に当たらないように少し顔を離して開けることをおすすめします。加熱した中の食材を外からつぶすときは内側に熱がこもったままのため、少し時間を置いてから、ふきんなどをかませてつぶすようにしましょう。

▲取り出すとき

▲開けるとき

▲加熱したものをつぶすとき

ベタつきや色移りが気になるとき

1.水かお湯に重曹を入れる
水またはお湯を張った桶などに重曹のパッケージに記載の量を入れて溶かします。

2.手でこすり洗いする
ZipTopを桶に入れて、気になる部分を手でこすり洗いします。

3.半日ほど浸ける
ZipTopの状態に合わせて4時間〜1日ほど浸け置きします。最後は食品用洗剤でしっかりと洗い、乾かします。

作った料理をそのまま保存できる

ZipTopで作った常備菜などは別の容器などに移し替えることなくそのまま冷蔵庫などで保存できます。半透明なので中に何が入っているかも一目瞭然！ 洗い物の手間も減るのがうれしいところ。保存が長いと色移り・匂い移りしやすくなりますので注意しましょう。

素材に火が通りきらないときは

レシピで紹介している分数でも、電子レンジのメーカーや機種によっては中央部分が生っぽいなど、火が通りきらないというケースもあると思います。その際は、10秒、20秒など短い単位で加熱を追加していってください。

本書の使い方

- 本書のレシピは電子レンジは600Wで加熱していますが、機種や食材によって違いが出ますので様子を見ながら調理してください。

- 計量について大さじ1=15ml、小さじ1=5ml、お米1合=180mlで表記しています。

- 「適宜」はお好みに応じて材料を入れてください。

- 加熱時のZip Topの使い方についてはレシピ本文・アイコンをご参照ください。

- 各レシピのカロリー、おすすめポイント（時短・低カロリー・常備菜）をアイコンでご紹介していますので、ご活用ください。カロリーは1人分表記です。

- 材料にはちみつが含まれているものについては、1歳未満の乳児には与えないでください。

Zip Topについての注意事項

- カレーなどの油分の多い食品をZip Topに入れて電子レンジを使用すると、耐熱温度を超えることがあるので注意してください。

- Zip Topに液体や水分を多く含む食品を入れて持ち運ぶ際は注意が必要です。Zip Topの上から圧迫があった場合やZip Topが倒れて衝撃があった場合に、口が開いて中の液体が漏れてしまうことがあります。

- 電子レンジの機種や素材の水分量・重量によっても変わってきますが、おおよその加熱時間の目安はじゃがいも100g→約4分30秒、にんじん100g→約2分、ブロッコリー100g→約1分30秒、アスパラガス6本（90g）→約1分30秒、とうもろこし1本（260g）→約5分です。

Part 1 主菜

フライパンやお鍋を使わなくても主菜は作れます！
おいしくてヘルシーな味わいはリピート間違いなし。

ふんわり豆腐つくね

真ん中
376 kcal
家事ラク

ボリュームたっぷりのヘルシーつくね。
豆腐が多めでもしっかりめの味つけで満足感アップ。

材料（2人分）

鶏ひき肉……150g
木綿豆腐……2/3丁（200g）
玉ねぎ……1/4個
エリンギ……1本

A
- 片栗粉……大さじ2
- 料理酒……大さじ1
- しょうがチューブ……2cm
- 塩……小さじ1/4
- こしょう……少々

B
- 砂糖……大さじ1
- 料理酒……大さじ2
- しょうゆ……大さじ2
- みりん……大さじ2

卵黄……適宜
白炒りごま……適宜

作り方

1 木綿豆腐をキッチンペーパーで包み、5分ほど置いて水切りする。

2 玉ねぎとエリンギをみじん切りにする。

3 Zip Topに鶏ひき肉、1、2、Aを入れ、粘り気が出るまでZip Topの外側からよくこねる。

4 3を少し高いところからトントンと数回落とし、表面を平らにならす。

5 器にBを入れよく混ぜ合わせ、4の上からかける。

6 Zip Topのフタを真ん中だけ閉じ、600Wのレンジで7分30秒加熱する。

7 取り出したら、フライ返しなどでそっとつくねを持ち上げ、お皿にゆっくり置く（⚠ 柔らかいので形が崩れないように注意！）。

8 お好みで白炒りごまを振り、卵黄をのせたら完成。

Memo

豆腐つくねのタネがかなり柔らかいので心配になるかもしれませんが、加熱したら固まるので大丈夫です！

鶏むねチャーシュー

チンして余熱でかんたんに作れるチャーシュー。
鶏むね肉がしっとり仕上がります。

材料（2人分）

鶏むね肉……1枚（300〜350g）
片栗粉……大さじ1
A
　水……200ml
　しょうゆ……大さじ4
　砂糖……大さじ3
　料理酒……大さじ2
　酢……大さじ1/2
　しょうがチューブ……2cm
ゆで卵（あれば）……2個

作り方

1. 鶏むね肉全体に片栗粉をまんべんなくまぶす。

2. Zip TopにAを入れ、よく混ぜる。

3. 2に1を入れ、両面にタレをからめたら、鶏むね肉の皮目を下にしてZip Topのフタを真ん中だけ閉じ、600Wのレンジで5分加熱する。

4. 取り出したら、鶏むね肉をひっくり返し、Zip Topのフタを真ん中だけ閉じ、再度600Wのレンジで3分加熱する。

5. 取り出したら、鶏むね肉をひっくり返し、ゆで卵を入れ（なくてもOK！）、Zip Topのフタを完全に閉じレンジの庫内で30分置く（レンジの庫内の余熱で火を通す）。

6. 取り出したら、鶏むね肉を1cm幅のそぎ切りにして、ゆで卵は縦半分に切る。器に盛りつけ、煮汁をたっぷりかけたら完成。

Memo

鶏むね肉を切ったときに、内側がまだ生っぽければ追加でレンジで30秒ずつ加熱してください。

ゆで卵があれば、ぜひ入れてみてください！

しっとりサラダチキン

ヘルシーかつジューシーな味わいが魅力。
作り置きがあると安心なひと品です。

材料（3人分）

鶏むね肉…1枚（300〜350g）
A
- 水……600ml
- 砂糖……小さじ2
- 塩……小さじ2

B
- しょうゆ……大さじ1
- 砂糖……小さじ1
- 酢……小さじ1
- ごま油……大さじ1/2
- 味噌……小さじ1/2
- しょうがチューブ……5cm
- 白炒りごま……小さじ2

小ねぎ（小口切り）……適宜

作り方

1. 鶏むね肉は皮をとる。
2. Zip TopにAを入れ、よく混ぜる。
3. 2に1を入れ、Zip Topのフタを真ん中だけ閉じ、600Wのレンジで7分加熱する。
4. 加熱できたら、そのままレンジの庫内で7分置く。
5. その間にタレを作る。器にBを入れ、よく混ぜ合わせておく。
6. 4を食べやすい幅にそぎ切りし、器に盛りつけ、5のタレ、お好みで小ねぎをかけたら完成。

鶏手羽元の照り煮

しっかりした味つけで満足感の高い照り煮。
Zip Topだけで調理が完結するラクさも魅力。

真ん中　370kcal　時短

材料（2人分）

鶏手羽元……6本（350g）
A ┃ 砂糖……大さじ1
　 ┃ 焼肉のタレ……大さじ2
　 ┃ しょうゆ……大さじ2
　 ┃ にんにくチューブ
　 ┃ ……2cm
小ねぎ（小口切り）……適宜

作り方

1. 鶏手羽元はフォークで数ヶ所刺しておく。
2. Zip Topに1、Aを入れ、外側からよくもみ込む。
3. Zip Topのフタを真ん中だけ閉じ、600Wのレンジで5分加熱する。
4. 取り出したら、鶏手羽元の上下を裏返してZip Topのフタを真ん中だけ閉じ、再度600Wのレンジで5分加熱する。
5. 器に盛りつけ、お好みで小ねぎをかけたら完成。

Memo
鶏手羽元にフォークで穴を開けておくことで味がしみ込みやすくなります。

チキンのトマト煮込み

時間がかかるイメージの煮込みもZip Topで気軽に。
しっかりした味つけはお弁当にもよさそうです。

材料(3人分)

A
- 鶏もも肉……250g
- 塩……小さじ1/4
- こしょう……少々
- 薄力粉……大さじ1

- しめじ……1株
- カットトマト缶……1缶(400g)

B
- 料理酒……大さじ1
- 砂糖……大さじ1
- しょうゆ……小さじ2
- ケチャップ……大さじ3
- 顆粒コンソメ……小さじ1
- にんにくチューブ……10cm

- 有塩バター……10g
- 乾燥パセリ……適宜

Memo

トマトの色がZip Topに移りやすいレシピです。もし色移りが気になった場合はP11で紹介している重曹を使ったお手入れをお試しください。

作り方

1. しめじは石づきを切り落とし、ほぐしておく。

2. 鶏もも肉はひと口大に切り、**Zip Top**に**A**とともに入れ、**Zip Top**の外側からよくもみ込んでおく。

3. **2**に**1**、トマト缶、**B**を入れてよく混ぜ、**Zip Top**のフタを真ん中だけ閉じ、600Wのレンジで10分加熱する（⚠鶏もも肉に火が通ったか不安な場合は1つ取り出して箸で割って確認してください。生っぽければ追加で30秒ずつ加熱してください）。

4. 取り出したら、バターを入れよく混ぜる。器に盛りつけ、お好みで乾燥パセリを振ったら完成。

まるごとピーマンの肉づめ

フライパンなしで手軽なうえ肉だねもこぼれません。
チーズでボリューム感を出しつつも、カロリーは控えめ。

材料（2人分）

鶏ひき肉……150g
ピーマン……4個
玉ねぎ……1/4個
スライスチーズ（とろけるタイプ）……2枚

A
- 塩……ひとつまみ
- こしょう……少々

B
- 料理酒……大さじ1
- みりん……大さじ1
- しょうゆ……大さじ1
- 砂糖……大さじ1/2
- オイスターソース……小さじ2

作り方

1. ピーマンのヘタの上に親指をのせ、そのままヘタだけをぎゅっと中に押し込む。内側に残ったヘタやワタは取り出しておく。

2. 玉ねぎはみじん切りにする。

3. ボウルなどに鶏ひき肉、2、Aを入れ、粘り気が出るまで手でよくこねる。

4. 1に3の肉だねをスプーンで半分くらいまで入れる。

5. スライスチーズをそれぞれ半分に折ってちぎり、4枚にする。それぞれロール状に丸め、4のピーマンに1つずつ押し込む。

6. 残りの肉だねを5の上からスプーンで入れる。

7. Zip TopにBを入れ、よく混ぜる。

8. 7に6を重ならないように並べ、Zip Topのフタを真ん中だけ閉じ、600Wのレンジで5分加熱する。

9. 取り出してピーマンの上下を裏返し、Zip Topのフタを真ん中だけ閉じ、再度600Wのレンジで3分加熱する。

10. 取り出して、器に盛りつけ、タレをたっぷりかけたら完成。

ピーマンの種やワタは栄養があるので、苦手でなければある程度残すと◎。

鶏肉のおさつバター煮

バターのこっくり感で満足度の高いメニュー。
さつまいもが残ったときの使い切りにも。

材料（3人分）

鶏もも肉……1枚（300g）
塩……ひとつまみ
さつまいも……200g
しめじ……1/2株
A ┃ めんつゆ（4倍濃縮）
　┃ ……大さじ2と1/2
　┃ ※3倍濃縮の場合…大さじ3
　┃ 有塩バター……10g
小ねぎ（小口切り）……適量

作り方

1. さつまいもは1cm幅の半月切りにし、しめじは石づきを切り落とし、ほぐしておく。
2. 鶏もも肉はひと口大に切ってZip Topに入れ、塩を振りZip Topの外側からよくもみ込む。
3. 2に1、Aを入れ、Zip Topのフタを真ん中だけ閉じ、600Wのレンジで4分加熱する。
4. 取り出してよく混ぜ、Zip Topのフタを真ん中だけ閉じ、再度600Wのレンジで5分加熱する。器に盛りつけ、小ねぎを散らしたら完成。

さつまいもに含まれるビタミンCは、でんぷんによって守られているため加熱しても壊れにくいです。

あっさり塩麻婆豆腐

塩味の新鮮な麻婆豆腐。
軽い味わいで食欲のないときにもぴったり。

材料（2人分）

豚ひき肉……100g
絹豆腐……1丁（300g）
白ねぎ……1/2本
A ┃ 水……150ml
　┃ 料理酒……大さじ1
　┃ みりん……大さじ1
　┃ 鶏ガラスープの素……小さじ1
　┃ 塩……小さじ1/2
　┃ 片栗粉……小さじ2
　┃ にんにくチューブ……3cm
　┃ しょうがチューブ……3cm
ごま油・こしょう…少々

作り方

1. 白ねぎはみじん切りにする。
2. Zip Topに豚ひき肉、1、Aを入れよく混ぜる。
3. Zip Topのフタを真ん中だけ閉じ、600Wのレンジで4分加熱する。
4. 取り出したら、絹豆腐をそのまま入れ、Zip Topの中でスプーンなどでざっくりと崩す。
5. Zip Topのフタを真ん中だけ閉じ、再度600Wのレンジで3分加熱する。
6. 取り出したら、ごま油とこしょうを加え、そっと混ぜたら完成。

鶏むねチンジャオロース

牛肉を鶏むね肉に変えてヘルシーに。
ダイエット中でもしっかりめの味つけで食べたい方に。

材料（2人分）

鶏むね肉……250g
ピーマン……5個

A
- 料理酒……大さじ1
- 塩……ひとつまみ
- こしょう……少々
- にんにくチューブ……2cm
- 片栗粉……大さじ1
- ごま油……小さじ1

B
- しょうゆ……大さじ1
- オイスターソース……大さじ1
- 砂糖……小さじ1
- しょうがチューブ……2cm

作り方

1 ピーマンはヘタを切り落としてワタと種をとり、縦に細切りにする。

2 鶏むね肉は皮をとり、そぎ切りにする。それをさらに細切りにする。

3 Zip Topに2、Aの料理酒、塩、こしょう、にんにくチューブを入れ、Zip Topの外側からよくもみ込む。さらに、片栗粉、ごま油を入れ、粉っぽさがなくなるまでもみ込む。

4 Zip Topのフタを真ん中だけ閉じ、600Wのレンジで3分加熱する。

5 取り出したらBを入れ、よく混ぜる。

6 5の上から1を入れ、Zip Topのフタを真ん中だけ閉じ、再度600Wのレンジで3分加熱する。

7 取り出したらよく混ぜて完成。

Memo

鶏むね肉1枚（250g）の場合、皮なしは約275kcalで皮ありの約500kcalと比べて200kcal以上減らすことができます。

あっさりゴーヤチャンプルー

豆腐たっぷりでボリューム感◎。
豚バラ肉の代わりに豚こま切れ肉を使ってカロリーダウン。

材料(2人分)

豚こま切れ肉……100g
ゴーヤ……1/2本
A ┤塩……小さじ1/2
　 └水……大さじ1
木綿豆腐……1丁(300g)

卵……1個
B ┤塩……小さじ1/4
　 └しょうゆ……小さじ2
かつお節……1パック(2g)

作り方

1 ゴーヤは種とワタをとり、5mm幅の半月切りにする。

2 **Zip Top**に**1**、**A**を入れ、フタを閉じ、シャカシャカと振ってそのまま10分置いておく。

3 木綿豆腐をキッチンペーパーで包み、5分ほど置いて水切りする。

4 **2**の**Zip Top**のフタを片端のみ開けて、出てきた水を捨てる。

5 **4**に**3**を手でちぎりながら入れる。

6 **5**の上から、ひと口大に切った豚こま切れ肉を並べ入れる。

7 **Zip Top**のフタを真ん中だけ閉じ、600Wのレンジで6分加熱する。

8 その間に器に卵を割り入れ、よく溶いておく。

9 **7**を取り出したら、**8**を回し入れて、**Zip Top**のフタを真ん中だけ閉じ、再度600Wのレンジで2分加熱する。

10 取り出したら、**B**、かつお節の半分を入れよく混ぜる。

11 器に盛りつけ、残りのかつお節を振ったら完成。

Memo
ゴーヤ、塩、水をあえて10分置くことで、苦み成分が溶け出し食べやすくなります。また、塩でゴーヤに下味をつけられます。

お手軽もつ鍋風

にんにくがしっかり効いたもつ鍋風のおかず。
野菜がたっぷり食べられます。

材料（2人分）

- 豚バラ肉……150g
- キャベツ…1/4個(200g)
- ニラ……1/4束
- にんにく……1片
- A
  - 水……300ml
  - 鶏ガラスープの素……大さじ1/2
  - しょうゆ……大さじ1/2
  - みりん……大さじ1/2
  - 味噌……小さじ1
  - 鷹の爪……少々
  - 塩……ひとつまみ

作り方

1. キャベツはザク切りにする。
2. **Zip Top**に**1**を入れ、フタを真ん中だけ閉じ、600Wのレンジで3分加熱する。
3. その間にニラは3cm程の長さに切り、にんにくは薄切りにして芯をとる。
4. **2**を取り出したら、**3**、**A**を入れ、3cm幅に切った豚バラ肉を入れる。
5. **Zip Top**のフタを真ん中だけ閉じ、600Wのレンジで3分加熱する。
6. 取り出したらよく混ぜ、**Zip Top**のフタを真ん中だけ閉じ、再度600Wのレンジで3分加熱したら完成。

こく旨ポークチョップ

カロリー控えめでも食べごたえあり。
材料を切ってどんどん入れていけばいいのでラクです。

材料（2人分）

豚こま切れ肉……160g
A｜料理酒……大さじ1
　｜塩……ひとつまみ
玉ねぎ……1/2個
しめじ……1/2株
B｜ケチャップ……大さじ3
　｜中濃ソース……大さじ1
　｜酢……小さじ1
　｜しょうゆ……小さじ1
　｜砂糖……小さじ1
　｜薄力粉……大さじ1
　｜こしょう……少々
乾燥パセリ……適宜

作り方

1. 玉ねぎは薄切りにする。
2. しめじは石づきを切り落とし、ほぐしておく。
3. Zip Topにひと口大に切った豚こま切れ肉、Aを入れ、Zip Topの外側からよくもみ込む。
4. 3に1、2、Bを入れてよく混ぜ、Zip Topのフタを真ん中だけ閉じ、600Wのレンジで4分加熱する。
5. 取り出したらよく混ぜ、Zip Topのフタを真ん中だけ閉じ、再度600Wのレンジで4分加熱する。
6. 取り出したら器に盛りつけ、お好みで乾燥パセリを振ったら完成。

しらたきチャプチェ

春雨をしらたきに変えてカロリーダウン。
食物繊維もとれて、友人にも好評だったレシピです。

材料(3人分)

豚こま切れ肉……170g
しらたき……100g
砂糖……大さじ1/2
ピーマン……3個(100g)
にんじん……1/3本(50g)
玉ねぎ……1/2個
A
　しょうゆ……大さじ1と1/2
　料理酒……大さじ2
　砂糖……小さじ1
　ごま油……大さじ1/2
　コチュジャン……小さじ2
　片栗粉……大さじ1/2
　にんにくチューブ……2cm
白炒りごま……大さじ1

作り方

1 しらたきの水を切り、包丁で食べやすい大きさに切る。

2 **Zip Top**にしらたき、砂糖を入れ、**Zip Top**の外側からよくもみ込み3分置いてあく抜きをする。

3 ピーマン、にんじんを細切りにし、玉ねぎは薄切りにする。

4 **2**に水(分量外)を入れてよく洗い、**Zip Top**のフタを端だけ開け、しっかりと水を切る。

5 **4**に**3**を入れ、**Zip Top**のフタを真ん中だけ閉じ、600Wのレンジで3分加熱する。

6 その間に、器に**A**を入れ、混ぜ合わせておく。

7 **5**を取り出したら、豚こま切れ肉を食べやすい大きさに手でちぎりながら入れ、その上から**6**をかけ、**Zip Top**のフタを真ん中だけ閉じ、再度600Wのレンジで3分加熱する。

8 取り出したらよく混ぜ、**Zip Top**のフタを真ん中だけ閉じ、再度600Wのレンジで3分加熱する。

9 取り出したら白炒りごまを入れ、よく混ぜたら完成。

しらたきはカロリーが非常に低いので、摂取カロリーは抑えたいけれど満足感がほしい人にぴったりの食材です。

豚とえのきのチーズ焼き

相性抜群の組み合わせでお箸が進む一品。
おうちで居酒屋気分を味わえます。

材料（3人分）

- 豚こま切れ肉……200g
- A
  - 料理酒……大さじ1
  - 塩……小さじ1/4弱
- えのきたけ……1株（200g）
- B
  - しょうゆ……大さじ1
  - みりん……大さじ1
  - 砂糖……小さじ2
- ミックスチーズ……20g
- 乾燥パセリ……適宜

作り方

1. えのきたけは石づきを切り落とし半分に切りほぐしておく。
2. Zip Topにひと口大に切った豚こま切れ肉とAを入れ、Zip Topの外側からよくもみ込んでおく。
3. 2に、1、Bを入れ、Zip Topのフタを真ん中だけ閉じ、600Wのレンジで3分加熱する。
4. 取り出してよく混ぜ、Zip Topのフタを真ん中だけ閉じ、再度600Wのレンジで3分加熱する。
5. 取り出してミックスチーズをかけ、Zip Topのフタを真ん中だけ閉じ、再度600Wのレンジで30秒加熱する。器に盛りつけ、お好みで乾燥パセリを振ったら完成。

白菜のクリーム煮

きのことクリームで食べごたえのあるメニュー。
白菜消費レシピとしても◎。

真ん中　69kcal　低カロリー

材料(4人分)

白菜……4〜5枚(200g)
しめじ……1株
ベーコン……1パック(35g)
A
　無調整豆乳……100ml
　片栗粉……大さじ1
　顆粒コンソメ
　　……小さじ1と1/2
　塩……ひとつまみ
　にんにくチューブ……2cm
粉チーズ……大さじ2
こしょう……少々

作り方

1 白菜は2cm幅に切る。

2 しめじは石づきを切り落とし、ほぐしておく。

3 Zip Topに1、2を入れ、Zip Topのフタを真ん中だけ閉じ、600Wのレンジで4分加熱する(フタが閉められないときは、中の空気を抜きながら一度フタを完全に閉じ、それから片端のみを少しだけ開けて加熱してください。加熱すると野菜のカサが減ります)。

4 その間に、器にAを入れ混ぜ合わせておく。

5 ベーコンを1cm幅に切っておく。

6 3を取り出したら、4、5を入れてよく混ぜ、Zip Topのフタを真ん中だけ閉じ、再度600Wのレンジで2分加熱する。

7 取り出したら、粉チーズ、こしょうを入れ、よく混ぜたら完成。

鮭ときのこのバター蒸し

我が家でもとても人気のメニュー。
調味料は少なめですが、鮭自体の塩分でしっかりと味がつきます。

材料(2人分)

生鮭(甘口)……2切れ
塩・こしょう……少々
玉ねぎ……1/2個
しめじ……1株
A ┃ しょうゆ……大さじ1
  ┃ 料理酒……大さじ1
有塩バター……20g
乾燥パセリ……適宜

作り方

1. 玉ねぎは薄切りにする。
2. しめじは石づきを切り落とし、ほぐしておく。
3. 鮭はキッチンペーパーで水気を拭きとり、塩・こしょうを両面にまんべんなく振る。
4. Zip Topに、1、2、3の順に入れ、その上からAを回しかける。
5. バターを2等分し、それぞれの鮭の上にのせる。
6. Zip Topのフタを真ん中だけ閉じ、600Wのレンジで5分加熱する。
7. 取り出して器に盛りつけ、お好みで乾燥パセリを振ったら完成。

Memo

鮭は高たんぱく質で良質な脂肪を含み、低カロリーで栄養価が高いダイエット向きの食材です。

37

鮭のちゃんちゃん焼き

寒い時期に食べたくなる鮭メニュー。
具材と調味料を入れたらあとはレンジにおまかせ。

材料（2人分）

生鮭（甘口）……2切れ
薄力粉……大さじ1
白ねぎ……1本
しめじ……1株
A ｜ 味噌……大さじ2
　｜ 料理酒……大さじ1
　｜ 砂糖……大さじ1
　｜ にんにくチューブ……2cm
有塩バター……10g

作り方

1. 白ねぎは斜め切りにし、しめじは石づきを切り落としてほぐしておく。
2. 鮭はキッチンペーパーで水気を拭きとり、薄力粉をまぶしておく。
3. 器にAを入れて混ぜ合わせておく。
4. Zip Topに1、2の順に入れ、その上から3をかける。バターを2等分し、それぞれ鮭の上にのせる。
5. Zip Topのフタを真ん中だけ閉じ、600Wのレンジで7分加熱したら完成。

鮭のピザ風

定番の鮭がピザ仕立てに早変わり!
子どもにも喜ばれそうな一品。

真ん中 / 221kcal / 家事ラク

材料(2人分)

生鮭(甘口)……2切れ
塩・こしょう……少々
玉ねぎ……1/2個
ピーマン……1個
ミックスチーズ……約20g
コーン水煮缶……適量
A ┃ ケチャップ……大さじ2
　┃ 顆粒コンソメ…小さじ1/2
　┃ しょうゆ……小さじ1
　┃ 砂糖……小さじ1
　┃ にんにくチューブ……2cm

作り方

1. 玉ねぎは薄切り、ピーマンは薄めの輪切りにする。
2. 鮭の両面に塩・こしょうを振り、5分ほど置く。
3. 器にAを入れ、よく混ぜ合わせておく。
4. Zip Topに玉ねぎ、キッチンペーパーで水気を拭きとった2、ピーマン、3の順に入れ、Zip Topのフタを真ん中だけ閉じ、600Wのレンジで5分加熱する。
5. 取り出したら、チーズ、コーンを散らし、Zip Topのフタを真ん中だけ閉じ、再度600Wのレンジで1分30秒加熱したら完成。

サバのふっくら味噌煮

サバのパサつき感がないうれしいレシピ。
お鍋不要で後片づけもラクです。

真ん中　227kcal　家事ラク

材料(2人分)

サバ……2切れ
A ┃ 塩……少々
　 ┃ 料理酒……大さじ1/2
白ねぎ……1/3本
B ┃ 味噌・みりん・料理酒・
　 ┃ 砂糖……各大さじ1
　 ┃ しょうゆ……小さじ1
　 ┃ 水……大さじ2
　 ┃ しょうがチューブ
　 ┃ ……10cm

作り方

1. サバにAを振り、なじませて5分置く。
2. その間にZip TopにBを入れて混ぜておく。
3. 1の水気をキッチンペーパーで拭きとり、2にサバの皮目を上にして入れる。
4. 3に4等分に切った白ねぎを入れる。
5. Zip Topのフタを真ん中だけ閉じ、600Wのレンジで5分加熱したら完成。

Memo

サバにはオメガ3脂肪酸やビタミンDなどが豊富に含まれています♪

蒸しサバの梅肉だれ

冷凍サバを使って気軽に作れる一品。
梅との意外な相性のよさに驚くはず。

真ん中　174kcal　時短

Memo
加熱後、サバを器に盛りつけるときは形を崩さないようにヘラで取り出してください。

材料（2人分）

冷凍サバ……2切れ
（※生サバでも可。塩少々・料理酒大さじ1/2を振り、なじませて5分置き、キッチンペーパーで水気を拭きとる）
A｜しょうゆ……小さじ1
　｜料理酒……小さじ1
梅干し……1個
ごま油……小さじ1/2
大葉・白炒りごま……適宜

作り方

1. 冷凍サバを解凍し、キッチンペーパーでよく水気を拭きとる。
2. 1をそれぞれ2等分に切る。
3. Zip Topに並べ入れ、Aを振りかける。
4. Zip Topのフタを真ん中だけ閉じ、600Wのレンジで2分加熱する。
5. その間に梅干しの種を取り除き、包丁でたたいておく。
6. 器に5、ごま油を入れ、よく混ぜ合わせておく。
7. 4を取り出したら、サバを器に盛りつけ、その上に6、お好みで千切りにした大葉、白炒りごまをのせれば完成。

白身魚のにんにく蒸し

淡泊なタラににんにくと味噌の味つけでパンチを効かせて。
他には鮭など、シンプルでクセのない魚にも合います。

材料（2人分）

タラ……2切れ
塩・こしょう……少々
キャベツ……1/8個
にんにく……1片

A
味噌……大さじ1
料理酒……大さじ1
砂糖……小さじ2
白すりごま……小さじ2
ごま油……小さじ1/2

作り方

1. タラに塩、こしょうを振る。
2. キャベツはざく切り、にんにくは薄切りにし、芯をとる。
3. 器に**A**を入れ、よく混ぜ合わせておく。
4. **Zip Top**にキャベツ、タラ、にんにく、**3**の順に入れ、**Zip Top**のフタを真ん中だけ閉じ、600Wのレンジで5分加熱したら、完成。

Memo

タラは高たんぱく、低カロリー、低脂質でダイエットに非常に適した魚です。

カレイの煮つけ

煮魚が10分足らずで完成するレシピ！
時間がないときにも重宝します。

材料（2人分）

カレイ……2切れ
A｜しょうゆ……大さじ1と1/2
　｜みりん……大さじ1
　｜料理酒……大さじ1
　｜砂糖……大さじ1
　｜水……大さじ1

作り方

1. キッチンペーパーでカレイの水気を拭きとる。
2. Zip TopにAを入れ、よく混ぜる。
3. 2に1を入れ、Zip Topのフタを真ん中だけ閉じ、600Wのレンジで1分30秒加熱する。
4. 取り出したらカレイを裏返し、Zip Topのフタを真ん中だけ閉じ、再度600Wのレンジで1分30秒加熱したら完成。

ブリのケチャップ照り焼き

 197 kcal

定番の照り焼きもケチャップで新鮮に。
Zip Topなら焦げつきの心配がありません。

材料（2人分）

ブリ……2切れ
塩……少々
A│ケチャップ……大さじ1
　│しょうゆ……小さじ1
　│砂糖……小さじ1
　│にんにくチューブ
　│……10cm

作り方

1. ブリの両面に塩を振り、5分置く。
2. その間にZip TopにAを入れ、混ぜ合わせておく。
3. 2にキッチンペーパーで水気を拭きとった1を入れ、両面によくタレをからめる。
4. Zip Topのフタを真ん中だけ閉じ、600Wのレンジで1分30秒加熱する。
5. 取り出したらブリを裏返し、Zip Topのフタを真ん中だけ閉じ、再度600Wのレンジで1分30秒加熱したら完成。

Column 1
ダイエット中の生活について

妊娠期間中、体重が増えていたこともあり、産後はそれまで以上に脂質の量が多くならないように気をつけはじめました。意識していたのは、①ごはんは毎食食べる、②和食の献立を多めにする、③お肉は鶏むね肉など鶏肉を多めにするの3つ。食事はざっくりと1食500〜600kcalくらいになるように抑えていました。あとは、眠る前にストレッチやヨガなどをできるだけするようにしていました。

それでも甘いものが食べたくなったり、油っぽいものが食べたくなるときはあります。私の場合、甘いものが食べたくなったときはまず和菓子。ほかにはヨーグルト。間食では脂質は5g以下に抑えたいと思っていました。アイスが食べたいときもフローズンヨーグルトなど脂質が少なめのものをチョイスします。フライや唐揚げもできる限り食べないようにしていますが、食べたい気分のときは揚げ焼きにしたり、素材にパン粉をつけてオーブンで焼くなど、脂質を抑えつつ満足できるように工夫しました。

ちなみに、産後は摂取している水分はほぼ水です。ジュースはもらわないと飲みません。コーヒーを飲むときは砂糖を入れずに牛乳を少しだけ入れます。水分は水が一番便秘になりにくいという実感があるので、それは習慣づいています。量は1日多めのときで1ℓくらい。定期的にのどが渇いたなと思う前に飲んでいて、出かけるときは水筒で水を持って行ったりしています。

脂質の量に気をつけ 水分は基本 "水" に

家の中での水分補給は浄水ポットを愛用。普段よく食べるおやつは写真のデーツのほか、高たんぱくなヨーグルト、干しいも、どら焼きなどの和菓子です。

あと一品ほしいときにもZip Topは大活躍。
野菜の小鉢を増やしたいときなどに活用してみてください。

切り干し大根のツナサラダ

Instagramでも反響の大きかったレシピ！
食物繊維とカリウムが豊富な切り干し大根をサラダにしました。

材料（4人分）

切り干し大根……1袋（30g）	水……100ml
にんじん……1/4本（40g）	しょうゆ……大さじ1
ツナ水煮缶……1缶	A みりん……大さじ1
きゅうり……1本	砂糖……大さじ1
塩……ひとつまみ	だしの素……小さじ1
	マヨネーズ……大さじ2

作り方

1 切り干し大根をZip Topに入れて水洗いし、水を捨てたらZip Topの底面から絞るようにしてよく水気を切っておく。

2 1をまな板に広げ、3cm程の長さにザクザクと切る。

3 にんじんは4cm程の長さの細切りにする。

4 Zip Topに2、3、汁気を切ったツナ、Aを入れよく混ぜる。

5 Zip Topのフタを真ん中だけ閉じ、600Wのレンジで5分加熱する。

6 その間にきゅうりを細切りにし、塩と混ぜ合わせて5分ほど置く。

7 5を取り出したら、Zip Topのフタを完全に閉め、そのまま5分置いておく。

8 7に水気を絞った6、マヨネーズを入れ、よく混ぜたら完成。

旨だれれんこん

下準備いらずのかんたんな一品。
常備菜にもぴったりです。

材料（4人分）

れんこん……300g
ツナ油漬缶……1缶
A
- めんつゆ(4倍濃縮)
  ……大さじ1
  ※3倍濃縮の場合
  …大さじ1強
- ごま油……大さじ1
- 酢……小さじ2
- だしの素……小さじ1

こしょう、小ねぎ(小口切り)
……適宜

作り方

1. れんこんはピーラーで皮をむき、縦半分に切り、5mm幅の半月切りにする。
2. **Zip Top**に**1**、**A**を入れてよく混ぜ、**Zip Top**のフタを真ん中だけ閉じ、600Wのレンジで5分加熱する。
3. 取り出したら、油を切ったツナを入れ、よく混ぜる。
4. 器に盛りつけ、お好みでこしょう、小ねぎを振ったら完成。

Memo
加熱することによってれんこんのあくが気にならなくなります。

ふわふわ卵焼き

お弁当にもぴったりのかんたん卵焼き。
マヨネーズでふわっと仕上がります。

真ん中　154kcal　家事ラク

材料（2人分）

卵……2個
はんぺん……1/2袋（50g）
カニカマ……4本
小ねぎ（小口切り）……少々
A｜めんつゆ（4倍濃縮）……小さじ1弱
　｜※3倍濃縮の場合……小さじ1
　｜マヨネーズ……小さじ1

作り方

1 **Zip Top** にはんぺんを入れ、**Zip Top** の外側からよくもんでつぶす。

2 **1**に卵、**A**を入れよく混ぜる。

3 **2**にほぐしたカニカマ、小ねぎを入れざっくり混ぜたら、**Zip Top**のフタを真ん中だけ閉じ、600Wのレンジで1分30秒加熱する。

4 取り出したらよく混ぜ、**Zip Top**のフタを真ん中だけ閉じ、再度600Wのレンジで1分加熱する。

5 取り出したらまな板の上に出し、食べやすい大きさに切り分けたら完成。

かぼちゃのバター蒸し

ホクホク食感がうれしいおかず。
バターとかぼちゃの相性も抜群です。

― 材料（3人分）―

かぼちゃ…1/4個（約300g）
A ┃水……大さじ1
　┃塩……小さじ1/3
　┃砂糖……小さじ1
　┃有塩バター……10g
白炒りごま……適宜

― 作り方 ―

1. かぼちゃは種とワタを取り、3cm角に切る。
2. Zip Topに1、Aを入れ、ざっくり混ぜる。
3. Zip Topのフタを真ん中だけ閉じ、600Wのレンジで6分加熱する。
4. 取り出したら、竹串を刺してみて、スッと刺さればOK！（まだ固いようなら30秒ずつ追加で加熱する）
5. 器に盛りつけて、お好みで白炒りごまを振ったら完成。

じゃがいものり塩和え

青のりの風味がクセになる一品。
少ない材料で作れるのもうれしいところです。

 真ん中   97 kcal   低カロリー

― 材料（2人分）―

じゃがいも……300g
A ┃ 顆粒コンソメ…小さじ1/2
　┃ 青のり……小さじ1
　┃ 有塩バター……5g
　┃ 塩・こしょう……少々

― 作り方 ―

1　じゃがいもはひと口大に切る。

2　**Zip Top**に1、水（分量外）を入れ、じゃがいもを5分水にさらす。

3　2の水を捨て、**Zip Top**のフタを真ん中だけ閉じ、600Wのレンジで6分加熱する。

4　取り出したら**A**を入れ、バターが溶けるまで混ぜたら完成。

ブロッコリーのデリ風サラダ

クリスマスに作ったレシピです。
いつものブロッコリーをごちそう仕立てに。

材料（4人分）

- ブロッコリー……1株
- A
  - 酢……大さじ1と1/2
  - はちみつ……小さじ1と1/2
  - 粒マスタード……小さじ1
  - オリーブ油……大さじ1/2
  - 塩……ふたつまみ
  - こしょう……少々
- クリームチーズ……30g
- 生ハム……4〜5枚
- ミックスナッツ（無塩）・粉チーズ……適宜

作り方

1. ブロッコリーは軸を切り落とし、小房に分ける（軸は今回は使いません。短冊切りにしてスープなどに使ってください）。

2. **Zip Top**に**1**と水（分量外）を入れてフタを閉じ、シャカシャカと振って汚れを落とす（⚠ 振りすぎると水がこぼれるので注意してください）。

3. **Zip Top**のフタを片端のみ開けて水を捨てたら、反対側のフタの端も開け、600Wのレンジで4分30秒加熱する。

4. その間に器に**A**を混ぜ合わせておく。

5. **3**を取り出したら、**4**、手で割ったクリームチーズ、ちぎった生ハムを入れ、ざっくり混ぜる。

6. 器に盛りつけ、お好みで砕いたミックスナッツ、粉チーズを振ったら完成。

Memo

ブロッコリーは食物繊維、ビタミン、ミネラルが豊富。ナッツと合わせて低カロリーかつ満足度のあるサラダです。

ペペロンブロッコリー

あと一品ほしいときにすぐ作れるレシピ。
にんにくがしっかり効いていて、お箸が進みます。

材料（2人分）

ブロッコリー……1房
にんにく……1片
A｜水……大さじ1
　｜オリーブ油…大さじ2
　｜塩……小さじ1/2
　｜鷹の爪……少々

作り方

1. ブロッコリーは軸を切り落とし、小房に分け、軸は食べやすい大きさに切る。
2. Zip Topに1と水（分量外）を入れてフタを閉じ、シャカシャカと振って汚れを落とす。
3. フタの片端を開け、中の水を捨て、水気をよく切る。
4. にんにくはみじん切りにする。
5. 3に4、Aを入れ、ザッと混ぜる。
6. Zip Topのフタを真ん中だけ閉じ、600Wのレンジで3分加熱する。
7. 取り出したら、Zip Topのフタを完全に閉じて2分蒸らしたら完成。

Memo

ブロッコリーはよく振り洗いしてください（振りすぎは水がこぼれるので注意）。お子さんも食べる場合は鷹の爪は除いてもOKです♪

きのこのオイル蒸し

3種のきのこで作るヘルシーなおかず。
常備菜にもぴったりです。

―― 材料（2人分）――

しめじ……1株
まいたけ……1株
エリンギ……1本
A｜オリーブ油……大さじ2
　｜塩……小さじ1/3
　｜しょうゆ……小さじ1
　｜酢……小さじ1
　｜にんにくチューブ…1cm
　｜こしょう……少々
乾燥パセリ……適宜

―― 作り方 ――

1　しめじ、まいたけは石づきを切り落とし、ほぐしておく。

2　エリンギは食べやすい大きさに切る。

3　**Zip Top**に**1**、**2**、**A**を入れてよく混ぜ、**Zip Top**のフタを真ん中だけ閉じ、600Wのレンジで4分加熱する。

4　取り出したら、よく混ぜ、器に盛りつける。お好みで乾燥パセリを振ったら完成。

Memo

きのこはしいたけやえのきに変更しても OK です。好きなきのこで作ってみてください♪

57

しらたきのたらこ和え

カロリーは抑えつつ、たらこで味はしっかりと。
ダイエット中もうれしいヘルシーレシピ。

材料（2人分）

しらたき……1袋(170g)
たらこ……1腹(約30g)
砂糖……大さじ1
A ┃ しょうゆ……小さじ1
　 ┃ 料理酒……小さじ1
小ねぎ（小口切り）……適宜

作り方

1. Zip Topにしらたきと水（分量外）を入れよく洗い、Zip Topのフタを片端のみ開けてよく水気を切る。
2. 1をまな板に出し、食べやすい長さに切る。
3. 2をZip Topに入れ、砂糖を加えてZip Topの外側からよくもみ込み、3分置いてあく抜きする。
4. たらこはスプーンで皮からこそげとる。
5. 3に水を入れてよく洗ったら、Zip Topのフタを片端のみ開けてよく水気を切る。4、Aを入れてよく混ぜる。
6. Zip Topのフタを真ん中だけ閉じ、600Wのレンジで2分加熱する。
7. 器に盛りつけ、お好みで小ねぎを振ったら完成。

豆腐のえのきあんかけ

豆腐ときのこの健康食材でボリューム感あるレシピ。
遅い時間の晩ごはんのお供にも。

材料(2人分)

- 絹豆腐……2パック(150g×2)
- えのきたけ……1/2株(120g)
- A
  - めんつゆ(4倍濃縮)……大さじ2
  - ※3倍濃縮の場合…大さじ2強
  - 料理酒……大さじ1
  - 砂糖……小さじ1
  - 水……200ml
- B
  - 片栗粉……小さじ2
  - 水……小さじ2
- しょうがチューブ…適宜

作り方

1. えのきたけは石づきを切り落とし、半分に切り、ほぐしておく。
2. Zip Topに1、Aを入れてサッと混ぜ、Zip Topのフタを真ん中だけ閉じ、600Wのレンジで4分加熱する。
3. その間に器にBを入れ、混ぜ合わせておく。
4. 2に3を加えて混ぜ、Zip Topのフタを真ん中だけ閉じ、再度600Wのレンジで2分加熱する。
5. 豆腐の水気を切って器に盛りつけ、4を半分ずつかける。お好みでしょうがチューブをしぼって完成。

なすとオクラの揚げびたし

通常よりかなり少ない油で揚げびたしの味を再現。
オクラはししとうにしてもおいしくできます。

材料（2人分）

なす……1本
オクラ……8～9本
A
- オリーブ油……大さじ1と1/2
- 水……大さじ1
- 塩……ひとつまみ

B
- めんつゆ（4倍濃縮）……大さじ1
- ※3倍濃縮の場合…大さじ1強
- 水……大さじ1

かつお節……1パック（2g）

作り方

1. なすはピーラーでしま模様になるように皮をむいておく。
2. 1を縦に3等分に切り、さらにそれぞれを4つ割りにする。
3. Zip Topに2、水（分量外）を入れ、5分あく抜きをする。
4. オクラは塩（分量外）を振り、ネットの上からこすり、うぶ毛を落とす。額をピーラーでむき（包丁でもOK）、ヘタも切り落とす。
5. 4を2等分になるように斜め切りにする。
6. Zip Topのフタを片端のみ開けて、3の水をよく切る。そこに5、Aを入れ、フタを閉じてシャカシャカと振って油を行き渡らせる。
7. Zip Topのフタを真ん中だけ閉じ、600Wのレンジで4分加熱する。
8. 取り出して、野菜から出てきた水分を捨てる。
9. 8にB、かつお節を入れてざっくり混ぜたら完成。

Memo

オリーブ油でコーティングして野菜をチンするだけで、ちょうどいい油加減の揚げびたしができます♪塩を混ぜているので、発色もよく仕上がってオススメ。

なすのほっこり煮

レンジでもとろっとした味わいに。
ごはんによく合う和のおかずです。

材料（2人分）

なす……2本（250g）
油揚げ（油抜き不要のもの）
……1枚
ごま油……小さじ2
A
├ めんつゆ（4倍濃縮）
│ ……大さじ2
│ ※3倍濃縮の場合
│ ……大さじ2強
├ 水……大さじ4
├ みりん……大さじ1
└ 砂糖……小さじ2

作り方

1. なすはヘタを切り落とし、乱切りにする。
2. 油揚げは1cmの短冊切りにする。
3. **Zip Top**に**1**と水（分量外）を入れ、5分置いてあく抜きする。
4. **Zip Top**のフタを片端のみ開けてよく水気を切り、ごま油を入れてなすによくからめる。
5. **Zip Top**のフタを真ん中だけ閉じ、600Wのレンジで3分加熱する。
6. 取り出したら、**2**と**A**を入れてよく混ぜ、**Zip Top**のフタを真ん中だけ閉じ、再度600Wのレンジで4分加熱する。
7. 取り出したら、**Zip Top**のフタを完全に閉じて5分置いたら完成。

オクラの白だし漬け

レンジで加熱して、調味液を入れるだけ！
よく冷やすと味がしみ込みます。

― 材料（2人分）―

オクラ……8〜9本
A ｜ 水……50ml
　 ｜ 白だし……大さじ1
　 ｜ 酢……大さじ1/2
　 ｜ 砂糖……小さじ1/2
　 ｜ 塩……ひとつまみ

― 作り方 ―

1　オクラは塩（分量外）を振り、ネットの上からこすり、うぶ毛を落とす。

2　オクラの額をピーラーでむき（包丁でもOK）、ヘタも切り落とす。

3　Zip Topに2を入れ、Zip Topのフタを真ん中だけ閉じ、600Wのレンジで1分加熱する。

4　取り出したらAを入れてZip Topのフタを閉じ、シャカシャカと振って調味料をなじませる。

5　4を冷蔵庫で30分ほど冷やしたら完成。

長いもとベーコンのサラダ

長いもをたたいてサラダに仕上げました。
ねっとり感がクセになるおいしさです。

材料（4人分）

長いも……約10cm（350g）
ベーコン……1パック（34g）
A ┌ マヨネーズ……大さじ2
　├ 塩……ひとつまみ
　└ こしょう……少々
乾燥パセリ……適宜

作り方

1 長いもは皮をむき、2cm幅の半月切りにする。
2 ベーコンは1cm幅に切る。
3 Zip Topに1、2を入れ、Zip Topのフタを真ん中だけ閉じ、600Wのレンジで5分加熱する。
4 取り出したら、めん棒やフォークで長いもをざっくりつぶす。
5 少し冷ましたら（熱々でなければOK）、Aを入れてよく混ぜる。
6 器に盛りつけ、お好みで乾燥パセリを振ったら完成。

パプリカの和風マリネ

ビタミンCが豊富なパプリカを和風仕立てに！
子どもも食べやすい味つけです。

材料（4人分）

赤パプリカ……1個
黄パプリカ……1個
A
- めんつゆ（4倍濃縮）
　　…大さじ1と1/2
　※3倍濃縮の場合
　　…大さじ2弱
- 水……大さじ1
- 酢……小さじ1
- オリーブ油…大さじ1/2

かつお節……1パック(2g)

作り方

1. パプリカはそれぞれ縦半分に切り、ヘタと種、ワタを取って5mm幅の薄切りにする。
2. Zip Topに1、Aを入れ、Zip Topのフタの真ん中だけ閉じ、600Wのレンジで4分30秒加熱する。
3. 取り出したら、Zip Topのフタを完全に閉じ、5分置く。
4. 取り出したらかつお節を入れてよく混ぜ、器に盛りつけ、上からもかつお節を振ったら完成。

濃厚かぼちゃサラダ

クリームチーズをヨーグルトで代替したレシピです。
カロリーを抑えつつ、濃厚で満足感のある味わいに。

―― 材料（4人分）――

かぼちゃ……1/4個
ロースハム……3枚
A ｜ ギリシャヨーグルト（無糖）……100g
　｜ マヨネーズ……小さじ2
　｜ 塩……小さじ1/3
　｜ こしょう……少々

―― 作り方 ――

1　かぼちゃは種とワタを取り除き、3cm角くらいに切る。

2　Zip Topに1を入れ、Zip Topのフタを真ん中だけ閉じ、600Wのレンジで7分加熱する。

3　その間に、ロースハムを短冊切りにする。

4　2を取り出したら、Zip Topの外側からよくもんでかぼちゃをつぶす（⚠熱いので布などをかませてつぶす）。

5　4に3、Aを入れてよく混ぜたら完成。

かぼちゃの加熱時間は目安のため、まだ固い部分があったら追加で加熱してください。かぼちゃは冷凍のものでもOKです。

白菜の納豆和え

野菜と一緒でさっぱり感のある新鮮レシピ。
白菜のシャキシャキ感も魅力。

材料（3人分）

白菜……300g
ひきわり納豆……1パック
A｜砂糖……小さじ1
　｜しょうゆ……小さじ1
青のり……適宜

作り方

1 白菜は細切りにする。

2 **Zip Top**に**1**を入れ、**Zip Top**のフタを真ん中だけ閉じ、600Wのレンジで3分30秒加熱する。

3 その間に納豆に付属のタレを入れて、よく混ぜておく。

4 **2**を取り出したら**Zip Top**の底面から絞るようにしてよく水気を切っておく（⚠熱いので布などをかませて絞る）。

5 **4**に**3**、**A**を入れ、よく混ぜる。

6 器に盛りつけ、お好みで青のりを振ったら完成。

やさしいひじきの煮物

かつお節をたっぷり入れてうま味をたっぷりと。
レンジに入れたら後は手間なしで出来上がり！

材料（4人分）

生ひじき……120g
※乾燥ひじきの場合…15g
（袋の表記どおりに戻しておく）
にんじん……1/2本（80g）
油揚げ（油抜き不要のもの）
……1枚
A ┃ しょうゆ……大さじ2
　┃ みりん……大さじ2
　┃ 砂糖……大さじ1
　┃ かつお節……5g
　┃ 水……200ml

作り方

1. にんじんは薄い半月切り、油揚げは1cm幅の短冊切りにする。
2. Zip Topにひじき、1、Aを加えて混ぜる。Zip Topのフタを真ん中だけ閉じ、600Wのレンジで10分加熱する。
3. 取り出したら、完全にZip Topのフタを閉じ、1分置いたら完成。

大根のしみしみ煮

材料2つのお手軽レシピ。
油揚げはツナや厚揚げでもおいしく作れます。

材料(4人分)

大根……350g
油揚げ(油抜き不要のもの)
……1枚
A
┌ めんつゆ(4倍濃縮)
│　……大さじ2
│　※3倍濃縮の場合
│　……大さじ2と1/2
│ みりん……大さじ1
│ ごま油……小さじ1
└ しょうがチューブ……2cm

作り方

1　大根は5mm幅のイチョウ切り、油揚げは1cm幅の短冊切りにする。

2　Zip Topに1、Aを入れてよく混ぜる。

3　Zip Topのフタを真ん中だけ閉じ、600Wのレンジで4分加熱する。

4　取り出したらよく混ぜ、Zip Topのフタを真ん中だけ閉じ、再度600Wのレンジで4分加熱する。

5　Zip Topのフタを全部閉じ、最低でも5分置いて、味をしみ込ませたら完成。

Memo
時間を置けばおくほど味が染み込みます。

味噌だれこんにゃく

こんにゃくだけでパパッと一品でき上がり。
大ぶりに切ったこんにゃくが食べごたえ抜群。

材料（4人分）

こんにゃく……1枚（350g）
塩……小さじ1/2
A ┃ 味噌……大さじ3
　┃ 砂糖……大さじ1
　┃ みりん……大さじ3
白炒りごま……適量

作り方

1. こんにゃくは表面に2方向から網目状に切り目を入れ、2cm角に切る。
2. **Zip Top**に**1**、塩を入れ、外側からよくもみ込んで3分置き、あく抜きする。
3. その間に味噌だれを作る。耐熱皿に**A**を入れ、よく混ぜ合わせておく。
4. **2**に水を入れてよく洗い、**Zip Top**のフタを片端のみ開けてよく水気を切り、反対側のフタの端も開け、600Wのレンジで3分加熱する。
5. **4**から出てきた余分な水分を捨てる。
6. **3**を600Wのレンジで1分加熱する。取り出したらよく混ぜ、再度600Wのレンジで1分加熱する。
7. **5**に**6**を入れ、よく混ぜ合わせる。
8. 器に盛りつけ、白炒りごまをかけたら完成。

かんたんもやしナムル

あっという間に完成する定番ナムル。
ビタミンやミネラルの補給に。

真ん中 / 102kcal / 時短

材料（2人分）

もやし……1袋(200g)
A ┃ 鶏ガラスープの素……小さじ2
　┃ 白だし……小さじ2
　┃ 白炒りごま……大さじ1/2
　┃ ごま油……大さじ1
　┃ にんにくチューブ……2cm

作り方

1. Zip Topにもやしと水（分量外）を入れてフタを完全に閉じ、振り洗いする。
2. Zip Topのフタを片端のみ開けて1の水気をよく切る。反対側のフタの端も開け、600Wのレンジで3分加熱する。
3. 取り出したら、Zip Topのフタを片端のみ開けてよく水気を切る。
4. 3にAを入れ、よく混ぜたら完成。

Memo
できてすぐでもおいしいけど、冷やして食べるとさらにおいしいです♪

小松菜とひじきのナムル

カルシウムと鉄分が豊富なひじきとツナも入れて。
ボリューム感のある栄養満点ナムルです。

材料（4人分）

小松菜……1袋
生ひじき……65g
※乾燥ひじきの場合…6g
（袋の表記どおりに戻しておく）
ツナ水煮缶……1缶
A
- 味噌……大さじ1
- ごま油……大さじ1
- 白すりごま……大さじ1
- 砂糖……小さじ2
- 鶏ガラスープの素……小さじ1
- にんにくチューブ……1cm

作り方

1. 小松菜はよく洗い、4cm幅に切る。
2. **Zip Top**に**1**を入れ、**Zip Top**のフタを真ん中だけ閉じ、600Wのレンジで4分加熱する。
3. その間に、器に**A**を入れよく混ぜ合わせておく。
4. **2**に冷水を入れてサッと冷やし、水を捨て、**Zip Top**を底面から絞るようにしてギュッと絞り、小松菜の水気をよく切る。
5. **4**に袋の表記どおりに処理したひじき、水気を切ったツナ、**3**を入れ、よく混ぜ合わせたら完成。

かんたんエビマヨ

子どもも大好きなエビマヨをヘルシーに。
揚げる手間もなくかんたんにできます。

材料(2人分)

むきエビ……150g
塩・こしょう……少々
じゃがいも……2個
A │ マヨネーズ……大さじ2
　│ ケチャップ……大さじ1
　│ 塩・こしょう……少々
　│ しょうがチューブ……1cm
　│ 酢……小さじ1
乾燥パセリ……適量

作り方

1. じゃがいもは5mm幅の半月切りかイチョウ切りにする。
2. **Zip Top**に**1**と**1**がつかるくらいの水(分量外)を入れ、5分あく抜きする。
3. むきエビに塩・こしょうを振っておく。
4. **Zip Top**のフタを片端だけ開け、**2**の水をよく切る。
5. **Zip Top**のフタを真ん中だけ閉じ、600Wのレンジで2分加熱する。
6. 取り出したら、キッチンペーパーで水気を拭きとった**3**を加え、**Zip Top**のフタを真ん中だけ閉じ、再度600Wのレンジで3分加熱する。
7. 器に**A**を入れ、よく混ぜ合わせておく。
8. **6**を取り出したら、**7**を加え、よくからめる。器に盛りつけ、乾燥パセリを振ったら完成。

たっぷりトマトのミートソース

まとめて作れて便利なミートソース。
パスタはもちろん、ラザニアやトーストにも！

―― 材料（4人分）――

鶏ひき肉……250g
玉ねぎ……1/2個
カットトマト缶…1缶（400g）
A
┃ケチャップ……大さじ2
┃中濃ソース……大さじ2
┃砂糖……小さじ1
┃しょうゆ……小さじ1
┃塩……小さじ1/2
┃顆粒コンソメ……小さじ2
┃オリーブ油……大さじ1
┃米粉……大さじ1
┃にんにくチューブ……3cm
┃こしょう……少々
ローリエ……1枚(なくてもOK)

―― 作り方 ――

1 玉ねぎをみじん切りにする。

2 **Zip Top**に**1**、鶏ひき肉、トマト缶、**A**を入れてよく混ぜる。

3 **2**にローリエを入れる。

4 **Zip Top**のフタを真ん中だけ閉じ、600Wのレンジで10分加熱する。

5 取り出したら、よく混ぜて完成。

Memo
トマトソースがZip Topに色移りして気になる場合は、P11の方法でお手入れしてみてください。

Column 2
毎日の献立について

晩ごはんの材料は、いまは保育園の帰りに週2回ほどスーパーに寄ったり、休みの日にまとめて買ったりしていて、牛乳など重いものは宅配にしています。準備はだいたい、30分くらい。

できるだけお肉・お魚・豆腐製品をバランスよく、お魚3回、お肉2回、豆腐2回くらいのローテーションにしたいなと思っています。人によっては焼き魚、煮魚は魚臭さや皮、骨が嫌という人もいると思いますが、冷凍サバや骨取り魚を活用しています（冷凍サバは魚臭さがありません）。大豆類は細かく刻んで料理に混ぜたり、豆腐をつくねやハンバーグなどに混ぜてヘルシーにしたりしています。仕事終わりに疲れているときは、主菜も副菜も両方Zip Topで作って汁ものだけお鍋で作ったりしています。冷凍野菜もよく使いますし、野菜がいっぱいとれる丼と汁ものだけのときもあります。

また、朝はもち麦ごはんと昨日のお味噌汁と納豆など発酵食品とタンパク質がとれるように意識しています。妊娠して以降、パンの脂質を抑えようと思ったため、それから朝は和食にするようになりました。でも、間食はほぼ毎日しています。だからこそおやつタイムは200kcal未満、脂質の量も多すぎないように注意しています。脂質の代謝が夜になるにつれて落ちてくるので、食べるなら15時までと決めています。

お魚3、お肉2、豆腐2を意識する

ある日の晩ごはんの写真。汁ものでも野菜を意識します。サバの味噌煮、白菜の納豆和え、野菜たっぷりスープにもち麦ご飯。

Part 3 ワンプレート

時間がないときやお昼に便利なワンプレート。
ごはんものから麺類まで気軽に作れるレシピです。

お手軽カルボナーラ

乳製品を控えめにして作ったごほうびレシピ。
卵でとろっと感が出るレシピにしています。

材料（1人分）

パスタ……1束（100g）
ベーコン……40g（厚切りがオススメ）
にんにく……2片
（にんにくチューブ10cm）
オリーブ油……小さじ2

A｜顆粒コンソメ…小さじ1強
　｜塩……ひとつまみ
　｜水……280ml

B｜牛乳……大さじ1
　｜粉チーズ……大さじ2
　｜卵……1個

こしょう……少々

作り方

1. ベーコンは5mm幅に切る。
2. にんにくは薄皮をむき、包丁で押しつぶす。
3. Zip Topにパスタを半分に折って入れ、オリーブ油を入れてからめる。
4. 3に1、2、Aを入れ、Zip Topのフタを開けたまま、600Wのレンジで11分加熱する（麺の種類によって時間は調整してください）。
5. 取り出したら（⚠熱いのでヤケドに注意！ ミトンなどを使うと安心です）、Bを入れてよく混ぜて、器に盛りつける。こしょうを振ったら完成。

Memo

私自身は1.4mm～1.6mmの太さのパスタをよく使っています。

納豆の塩昆布パスタ

ひとりランチにもぴったりなお手軽パスタ。
この材料の組み合わせが想像以上によく合います♪

材料（1人分）

パスタ……1束（100g）
納豆……1パック
A ｜ しょうゆ……小さじ1
　｜ 塩昆布……5g
　｜ 有塩バター……10g
小ねぎ（小口切り）……適宜

作り方

1. Zip Topにパスタを半分に折って入れる。
2. 1にMAXラインの下くらいまで水を入れる（水の量は適当でOK！）。
3. 2をフタは開けた状態で600Wのレンジで10分加熱する（麺の種類によって時間は調整してください）。
4. 納豆に付属のタレとからしを入れてよく混ぜておく。
5. 3を取り出したら、Zip Topのフタを片端のみ開け、よく水切りし、A、4を入れてよく混ぜる（⚠熱いのでヤケドに注意！　ミトンなどを使うと安心です）。
6. 器に盛りつけ、お好みで小ねぎを振ったら完成。

野菜たっぷりビーフン風

水戻しなしで作れるかんたんビーフン。
エビを入れることで満足感アップ。

真ん中　165kcal　時短

材料（2人分）

- むきエビ……100g
- 乾燥春雨……50g
- キャベツ……100g
- にんじん……30g
- 玉ねぎ……1/4個
- A
  - 水……200ml
  - オイスターソース……大さじ1
  - しょうがチューブ……2cm
  - にんにくチューブ……2cm
  - 鶏ガラスープの素……小さじ1/2

作り方

1. キャベツ、にんじん、玉ねぎは千切りにする（スライサーでもOK！）
2. **Zip Top**に乾燥春雨、**1**、むきエビ、**A**の順に入れ、**Zip Top**のフタを真ん中だけ閉じ、600Wのレンジで5分加熱する。
3. 取り出したらよく混ぜ、**Zip Top**のフタを真ん中だけ閉じ、再度レンジ600Wで2分加熱したら完成。

こんにゃくサンラータン

こんにゃくを使って糖質・カロリーオフ！
すっぱ辛くてポカポカ温まります。

  93 kcal

―― 材料(2人分) ――

鶏ひき肉……50g
糸こんにゃく(あく抜き不要のもの)……1袋
椎茸……2個
A ┃ 鶏ガラスープの素……小さじ1
　 ┃ 料理酒……大さじ1
　 ┃ 砂糖……小さじ1/2
　 ┃ 酢……大さじ1と1/2
　 ┃ しょうゆ…大さじ1と1/2
　 ┃ ラー油……小さじ1/2
　 ┃ こしょう……少々
　 ┃ 水……300ml
卵……1個
小ねぎ(小口切り)……適宜

―― 作り方 ――

1 糸こんにゃくはサッと洗い、水気をよく切り、適当な長さに切る。

2 椎茸は薄切りにする。

3 Zip Topに1、2、鶏ひき肉、Aを入れてよく混ぜ、Zip Topのフタを真ん中だけ閉じ、600Wのレンジで8分加熱する。

4 その間に器に卵を割り入れ、溶きほぐしておく。

5 3に4を入れて軽く混ぜ、Zip Topのフタを真ん中だけ閉じ、再度600Wのレンジで2分加熱する。

6 器に盛りつけ、お好みで小ねぎを振ったら完成。

たこ焼き風

Zip Topの底面全体を使って調理し、切り分けます。
洗い物も少なくてラクです。

―― 材料(2人分) ――

ゆでだこ(刺身用)……100g
絹豆腐……150g
A ┃卵……1個
　┃薄力粉……大さじ3
　┃片栗粉……大さじ2
　┃明太子……25g
たこ焼きソース、マヨネーズ、
小ねぎ(小口切り)……適量

―― 作り方 ――

1　ゆでだこはぶつ切りにする。

2　絹豆腐は軽く水気を切っておく。

3　Zip Topに2、Aを入れ、泡立て器で豆腐を崩しながらよく混ぜ合わせておく。

4　3に1を加えて軽く混ぜ、Zip Topのフタを真ん中だけ閉じ、600Wのレンジで2分加熱する。

5　取り出したらよく混ぜ、Zip Topのフタを真ん中だけ閉じ、再度600Wのレンジで1分加熱する。

6　取り出したら、まな板の上に出し、12等分に切り分ける。

7　器に盛りつけ、たこ焼きソース、マヨネーズ、小ねぎをかけたら完成。

味しみ牛丼

疲れて帰った日にもパパッと作れる晩ごはん。
温泉卵は自慢のレシピなので、ぜひ作ってみてください。

材料（2人分）

牛薄切り肉……200g
玉ねぎ……1/2個
A ┃ めんつゆ(4倍濃縮)……大さじ3
　 ┃ ※3倍濃縮の場合……大さじ3強
　 ┃ 砂糖……小さじ1
ごはん……300g
温泉卵(作り方は下記参照)……2個
紅しょうが……適宜

作り方

牛丼

1. 玉ねぎは薄切りにする。
2. **Zip Top**にひと口大に切った牛薄切り肉、**1**、**A**を入れ、よく混ぜる。
3. **Zip Top**のフタを真ん中だけ閉じ、600Wのレンジで5分加熱する。
4. 取り出したらよく混ぜ、**Zip Top**のフタを真ん中だけ閉じ、再度600Wのレンジで1分加熱する。
5. 器に温かいごはんをよそい、**4**をかけ、その上に温泉卵をのせる。お好みで紅しょうがをのせたら完成。

温泉卵

1. 水1ℓを鍋に入れて沸騰させたら、冷蔵庫から取り出したばかりの卵を入れ、火を止める。
2. 鍋にフタをして20分置いておく。
3. 20分経ったら、卵をすぐ鍋から取り出し、冷水につける（⚠そのまま置いておくと、卵がどんどん固まっていきます）。

> **Memo**
> とうもろこしの芯も捨てずに入れてください。芯からもうま味成分が出ます！
> お米の種類や季節によって浸水時間は調整してください。

とうもろこしごはん

実は、Zip Topでお米も炊けます！
とうもろこしのうま味が丸ごと味わえる滋味深い一品。

 真ん中 433 kcal 家事ラク

材料（1合分）

- 米……1合
- とうもろこし……1本
- A
  - 水……180ml
  - 料理酒……大さじ1
  - 塩……小さじ1/2
- 有塩バター……10g
- 青のり……適宜

作り方

1 Zip Topに米を入れ、よく洗い、水（分量外）を入れて30分浸水させる。

2 とうもろこしは皮を剥ぎ、2等分に切り、粒をそぎ落とす。

3 Zip Topのフタを片端のみ開け、1の水をよく切る。

4 3にA、そぎ落としたとうもろこし、とうもろこしの芯を入れ、Zip Topのフタの真ん中だけ閉じ、600Wのレンジで10分加熱する。

5 取り出したら、Zip Topのフタを完全に閉じて、15分蒸らす。

6 5からとうもろこしの芯を取り出し、バターを入れ、さっくり混ぜ合わせる。

7 器に盛りつけ、お好みで青のりを振って完成。

具だくさん炊き込みごはん

少ない量でも作りやすいのがZip Topでの炊飯のメリット。
おにぎりにしておけば冷めてもおいしくいただけます。

材料（1合分）

米……1合
鶏もも肉……80g
にんじん……1/4本
しめじ……1/2株
ごぼう……50g（約15cm）
A
　料理酒……大さじ1
　しょうゆ……大さじ1と1/2
　みりん……大さじ1/2
　水……150ml

作り方

1. Zip Topに米を入れ、よく洗い、水（分量外）を入れて30分浸水させる。
2. にんじんは細切りにし、しめじは石づきを切り落としてほぐしておく。
3. ごぼうはよく洗い（皮はむかなくてOK）ささがきにし、水に5分さらす。
4. 鶏もも肉は1cm角に切る。
5. Zip Topのフタを片端のみ開け、1の水をよく切る。
6. 5にA、2、水気を切った3、4を入れて軽く混ぜる。
7. Zip Topのフタを真ん中だけ閉じ、600Wのレンジで10分加熱する。
8. 取り出したら、Zip Topのフタを完全に閉じて15分蒸らしたら完成。

Memo
ごぼうのささがきは水煮のものを使ってもOKです。

とろ〜り親子丼

子どもも大好きな親子丼もZip Topで作れます。
とろっとした卵がくせになる味わい。

材料（2人分）

鶏もも肉……200g
玉ねぎ……1/2個
卵……2個
かつお節…1パック（2g）
A ┃ しょうゆ…大さじ1と1/2
　┃ 料理酒……大さじ1と1/2
　┃ みりん……大さじ1と1/2
　┃ 水……大さじ1
　┃ 砂糖……小さじ2
ごはん……300g
三つ葉……適宜

作り方

1. 玉ねぎは薄切り、鶏もも肉はひと口大に切る。
2. Zip Topにかつお節を入れ、Zip Topのフタを真ん中だけ閉じ、600Wのレンジで50秒加熱する。
3. 2に1、Aを入れてよく混ぜ、Zip Topのフタを真ん中だけ閉じ、600Wのレンジで5分加熱する。
4. 取り出したらよく混ぜ、再度600Wのレンジで2分加熱する。
5. 器に卵を割り入れ、溶きほぐしておく。
6. 4に5を入れて軽く混ぜ、Zip Topのフタを真ん中だけ閉じ、再度600Wのレンジで2分加熱する。
7. 器に温かいごはんをよそって6を盛りつけ、お好みで三つ葉を添えたら完成。

お手軽ガパオ風

少しエスニックなひと皿を気軽に。
ひき肉は鶏肉を使ってカロリーダウンしています。

真ん中　542kcal　時短

材料（2人分）

鶏ひき肉……200g
ピーマン……2個
玉ねぎ……1/2個
A ┃ オイスターソース
　┃ ……大さじ2
　┃ マヨネーズ…大さじ2
　┃ にんにくチューブ
　┃ ……2〜3cm
　┃ こしょう……少々
ごはん……300g
目玉焼き……適宜
レモン……適宜

作り方

1. ピーマンは1cmの角切り、玉ねぎはみじん切りにする。
2. **Zip Top**に1、鶏ひき肉、**A**を入れてよく混ぜ、**Zip Top**のフタを真ん中だけ閉じ、600Wのレンジで3分加熱する。
3. 取り出したらよく混ぜ、**Zip Top**のフタを真ん中だけ閉じ、再度600Wのレンジで3分加熱する。
4. 器に温かいごはんをよそい、3をのせ、お好みで目玉焼き、くし切りにしたレモンをのせたら完成。

混ぜるだけビビンバ

お肉も野菜もZip Topで仕上げるビビンバ。
疲れているときはにんじんの千切りにスライサーを使っても。

― 材料(2人分) ―

牛こま切れ肉……150g
にんじん……1/3本
ほうれん草……1株
もやし……1/2袋(100g)
A ┃ しょうゆ……大さじ1
　┃ 料理酒……小さじ1
　┃ コチュジャン……小さじ2
　┃ 鶏ガラスープの素
　┃ ……小さじ1
　┃ 砂糖……小さじ1
　┃ 片栗粉……小さじ2
　┃ にんにくチューブ
　┃ ……10cm
ごはん……300g
白炒りごま……適宜

― 作り方 ―

1 にんじんは千切り、ほうれん草は3cm幅に切る。

2 Zip Topに1、もやしを入れ、Zip Topのフタを真ん中だけ閉じ、600Wのレンジで3分加熱する。

3 取り出したら、Zip Topのフタを片端だけ開け、Zip Topの底面から絞るようにしてよく水気を切り、中の野菜を別容器に取り分けておく（⚠ ヤケドに注意！ 急ぎの場合は水を入れて冷ましてもOK！）。

4 3にそのまま、ひと口大に切った牛こま切れ肉、Aを入れてよく混ぜ、Zip Topのフタを真ん中だけ閉じ、600Wのレンジで2分加熱する。

5 取り出したらよく混ぜ、Zip Topのフタを真ん中だけ閉じ、再度600Wのレンジで2分加熱する。

6 別容器に取り分けておいた野菜を5に加え、よく混ぜる。

7 6に温かいごはんを加えてよく混ぜる。器に盛りつけ、お好みで白炒りごまを振ったら完成。

ヘルシーカルボうどん

ベーコンの代わりに鮭フレークを使っています。
生クリーム不使用にしてさらにカロリーダウン！

真ん中　605kcal　時短

材料（1人分）

冷凍うどん……1玉
A ┃ 牛乳（無調整豆乳でも可）
　┃ ……50ml
　┃ 顆粒コンソメ……小さじ1
　┃ 鮭フレーク……20g
　┃ スライスチーズ……1枚
　┃ 卵……1個
かいわれ大根・こしょう
……適宜

作り方

1. Zip Topに冷凍うどんを入れて、Zip Topのフタを真ん中だけ閉じ、600Wのレンジで2分加熱する。

2. 取り出したら、Aを入れてよく混ぜ、Zip Topのフタを真ん中だけ閉じ、再度600Wのレンジで2分加熱する。

3. 器に盛りつけ、お好みでかいわれ大根をのせ、こしょうを振ったら完成。

Memo

私はZip Topから直接食べて洗い物を減らすこともあります♪

明太クリームうどん

明太子と豆乳の相性抜群！
Zip Topにどんどん入れていくだけですぐに完成。

材料（1人分）

冷凍うどん……1玉
明太子…30g
A ┃ 無調整豆乳（牛乳でも可）
　┃ ……100ml
　┃ ミックスチーズ
　┃ ……10g（約大さじ1）
　┃ 有塩バター……5g
　┃ めんつゆ（4倍濃縮）…大さじ1
　┃ ※3倍濃縮の場合
　┃ ……大さじ1強
小ねぎ（小口切り）……適宜
こしょう……適宜

作り方

1. Zip Topに冷凍うどんを入れて、Zip Topのフタを真ん中だけ閉じ、600Wのレンジで3分加熱する。
2. 明太子をほぐしておく。
3. 1に2、Aを入れてザッと混ぜ、Zip Topのフタを真ん中だけ閉じ、再度600Wのレンジで1分半加熱する。
4. 取り出したらよく混ぜ合わせ、器に盛りつける。お好みで小ねぎ、追い明太子（分量外）をのせ、こしょうを振ったら完成。

鶏塩ねぎうどん

レモンでさっぱりした味わいの一杯です。
少し食欲のないときにもぴったり。

材料（1人分）

- 鶏もも肉……80g
- 白ねぎ……20cm
- 冷凍うどん……1玉
- A
  - 白だし……小さじ2
  - 鶏ガラスープの素……小さじ1
  - 水……200ml
  - レモン汁……小さじ1
  - こしょう……少々
- レモン……適宜
- こしょう……適宜

作り方

1. 白ねぎは斜め薄切りにし、鶏もも肉は小さめに切る。
2. **Zip Top**に鶏もも肉、白ねぎ、冷凍うどん、**A**の順に入れ、**Zip Top**のフタを真ん中だけ閉じ、600Wのレンジで5分加熱する。
3. 取り出したらよく混ぜ、**Zip Top**のフタを真ん中だけ閉じ、再度600Wのレンジで1分加熱する。
4. 器に盛りつけ、お好みでくし切りにしたレモンを添え、こしょうを振ったら完成。

豆乳担々うどん

クリーミーな味わいがクセになる担々風味のうどん。
しょうがとにんにくもよく効いています。

材料（1人分）

豚ひき肉……50g
無調整豆乳（牛乳でも可）
……150ml
冷凍うどん……1玉
A:
- 味噌……小さじ1
- 鶏ガラスープの素……小さじ1
- しょうがチューブ・にんにくチューブ……各2cm
- 水……大さじ1
- 白すりごま……大さじ1
- 豆板醤……小さじ1/2弱

小ねぎ（小口切り）・ラー油・白炒りごま……適宜

作り方

1. Zip Topに豚ひき肉、Aを入れてよく混ぜ、その上に冷凍うどんをのせる。
2. Zip Topのフタを真ん中だけ閉じ、600Wのレンジで4分加熱する。
3. 取り出したらよく混ぜ、無調整豆乳を加える。Zip Topのフタを真ん中だけ閉じ、再度600Wのレンジで2分加熱する。
4. 器に盛りつけ、お好みで小ねぎ・ラー油・白炒りごまをかけたら完成。

Column 3
毎日の栄養について

朝ごはんは和食で、みそ汁に野菜を多めに入れ、納豆やヨーグルトでたんぱく質をとり、ごはんはもち麦を入れて食物繊維をとることを意識しています。昼はササッと食べられるものをZip Topを使ってよく作っています。夜は野菜のおかずを2つ出したいなと思っていますが、必ずしも手をかけた料理でなくていいと思っているので、疲れているときは切ったトマトやブロッコリーをレンチンしただけのものも1つとカウントしています。ちなみに、一番使う冷凍野菜はかぼちゃ。冷凍かぼちゃは見ている限り日本産のものが多く、あまり当たりはずれがなくホクホクしている気がします。

現代の食生活は、脂質が多く、食物繊維と鉄分はよほど気をつけないと足りていないなと感じます。食物繊維はほとんどの野菜に入っているので、野菜を多めにするのが大事だなと感じます。あとはきのこ類もなるべく取り入れるようにしています。また、鉄分は牛肉やあさり、プルーンなどに多く含まれていますが、毎日必ず食事で取り入れるのも難しいですよね。私も少し貧血気味だったので、食事で意識しつつ、サジーなどの鉄分を補給してくれるドリンクやサプリに頼るのもいいと思います。

もうひとつ意識しているのが炭水化物。筋肉の量をキープし、やせやすい体でいるためにも炭水化物はごはん100〜120g、丼なら150gくらい毎食食べるようにしています。

> 1人でお昼のときも
> Zip Topは大活躍

ある日の1人ランチ。右：親子丼、残り物の切り干し大根煮、手作りきゅうりのキムチ。左：カルボナーラ、サラダ(オリーブオイルと塩の味つけ)、ぶどう(その季節の果物)

Part4 スープ

Zip Topは汁ものも作れます。
具だくさんのスープは主菜代わりにも。

かんたんクラムチャウダー

生クリーム・バター不使用なのに濃厚。
片栗粉でとろみをつけています。

材料(4人分)

冷凍あさり(むき身)……100g
にんじん……1/4本
玉ねぎ……1/4個
じゃがいも……1個
ベーコン……1パック(35g)
無調整豆乳……350ml
片栗粉……大さじ1
A ┃ 顆粒コンソメ……小さじ2
　 ┃ 塩……ひとつまみ
こしょう……少々
乾燥パセリ……適宜

作り方

1. ボウルに水500ml、塩小さじ1(ともに分量外)を入れて混ぜ、冷凍あさりを入れ解凍する。
2. にんじん、玉ねぎ、じゃがいもは5mm角に切る。
3. **Zip Top**に**2**を入れ、**Zip Top**のフタを真ん中だけ閉じ、600Wのレンジで5分加熱する。
4. その間にベーコンは1cm幅に切り、**1**は水気をよく切っておく。
5. ボウルに片栗粉、豆乳100mlを入れ、片栗粉が溶けるまでよく混ぜておく。
6. **3**を取り出したら、**4**、**5**、残りの豆乳、**A**を入れてよく混ぜ、**Zip Top**のフタを真ん中だけ閉じ、600Wのレンジで3分加熱する。
7. 取り出したらよく混ぜ、**Zip Top**のフタを真ん中だけ閉じ、再度600Wのレンジで3分加熱する。
8. 取り出したらこしょうを振り、よく混ぜる。器に盛りつけ、お好みで乾燥パセリを振ったら完成。

あさりと豆乳で不足しがちな鉄分を補給。冷凍あさり使用で気軽に作れます。

トマトとチーズのスープ

見た目も美しいかんたんスープ。
パンと合わせて朝食にもぴったりです。

材料（1人分）

トマト（熟したもの）……1個
水……150ml
スライスチーズ……1枚
A ┃ コンソメ…小さじ1
  ┃ 塩… ひとつまみ
乾燥パセリ・こしょう……適宜

作り方

1. トマトは包丁でヘタをくり抜き、十字の切り込みを入れる。
2. **Zip Top**に**1**をヘタ側が下になるように入れ、**Zip Top**のフタを真ん中だけ閉じ、600Wのレンジで2分加熱する。
3. 取り出したら**2**に水（分量外）を入れ、トマトの薄皮をむく（⚠このときヤケドに注意!）。
4. **3**を6等分の串切りにする。
5. **Zip Top**に**4**、水、**A**を入れ、**Zip Top**のフタを真ん中だけ閉じ、600Wのレンジで2分加熱する。
6. 取り出したら、スライスチーズをのせ、**Zip Top**のフタを真ん中だけ閉じ、再度600Wのレンジで30秒加熱する。
7. 器に注ぎ、お好みで乾燥パセリ、こしょうを振ったら完成。

Memo

トマトはスッと箸が刺さるくらいを目安に。まだ固い場合は様子を見ながら追加で加熱してください♪

Zip Topは食材の冷凍もできます。流水で流せばトマトの皮をかんたんにはがせるので、冷凍トマトを使うのもおすすめです。

かぼちゃの豆乳ポタージュ

秋冬にうれしいポタージュは豆乳を使って。
お腹にたまる満足感もうれしい。

材料（2人分）

かぼちゃ…1/8個（約180g）
A ┃ 無調整豆乳……250ml
　┃ 顆粒コンソメ……小さじ1/2
　┗ 白だし……小さじ1/2
乾燥パセリ……適宜

作り方

1. かぼちゃはひと口大に切る。
2. **Zip Top**に**1**を入れ、**Zip Top**のフタを真ん中だけ閉じ、600Wのレンジで4分加熱する。
3. **2**と**A**をブレンダー専用容器に入れ、ブレンダーでなめらかになるまで混ぜる。
4. **3**を**Zip Top**に戻し、**Zip Top**のフタを真ん中だけ閉じ、600Wのレンジで2分加熱する。
5. 器に注ぎ、お好みで乾燥パセリを振ったら完成。

Zip Topに食材を入れた状態でブレンダーを使用すると、破れる可能性があるので必ずブレンダー専用容器に移し替えてください。

具だくさん味噌ポタージュ

ごはんとこのポタージュで晩ごはんは完結！
豆乳と味噌は相性抜群です。

202 kcal

材料（3人分）

鶏もも肉……150g（1/2枚）
にんじん……1/4本（40g）
玉ねぎ……1/2個
キャベツ……1/8個（100g）
水……100ml
A｜無調整豆乳……250ml
　｜鶏ガラスープ
　｜……小さじ1〜2
　｜片栗粉……大さじ1
B｜有塩バター……10g
　｜味噌…大さじ1
　｜塩……ひとつまみ
こしょう……適宜

作り方

1　にんじん、玉ねぎは5mm角程度、キャベツは1cm角程度に切る。

2　鶏もも肉は細かく切る。

3　**Zip Top**に**1**、**2**、水を入れ、**Zip Top**のフタを真ん中だけ閉じ、600Wのレンジで5分加熱する。

4　その間にボウルに**A**を入れ、混ぜ合わせておく。

5　**3**を取り出したらよく混ぜ、**Zip Top**のフタを真ん中だけ閉じ、再度600Wのレンジで3分加熱する（このとき、鶏もも肉に完全に火が通るまで加熱する）。

6　取り出したら、**4**を入れて混ぜ、**Zip Top**のフタを真ん中だけ閉じ、再度600Wのレンジで2分加熱する。

7　取り出したら、**B**を入れてよく混ぜ、器に盛りつける。お好みでこしょうを振ったら完成。

白菜サムゲタン

コラーゲンたっぷりの鶏手羽元を使って。
お餅で満足感もアップ！

材料（2人分）

鶏手羽元……4本
白菜……葉4枚ほど（200g）
餅……1個（50g）
クコの実……4〜6粒
こしょう……少々

A
- 鶏ガラスープの素……小さじ1
- オイスターソース……小さじ1
- にんにくチューブ……3cm
- しょうがチューブ……3cm
- ごま油……小さじ2
- 水……300ml

作り方

1. 白菜は食べやすい大きさにざく切りにする。

2. **Zip Top**に1、鶏手羽元の順に入れ、**A**を加える。

3. **Zip Top**のフタを真ん中だけ閉じ、600Wのレンジで8分加熱する（フタが閉められないときは、中の空気を抜くようにして一度フタを完全に閉じ、それから片端のみを少しだけ開けて加熱してください。加熱すると野菜のカサが減ります）。

4. 取り出したら、半分に切った餅、クコの実を入れてざっくり混ぜ、**Zip Top**のフタを全開にしたまま、再度600Wのレンジで4分加熱する。

5. 取り出したら、こしょうを振り、餅が溶けてとろみが出るまで混ぜる（餅が溶けていない場合は追加で600Wのレンジで30秒ずつ加熱してください）。

6. 器に注ぎ、こしょうを振ったら完成。

お正月におもちが余って考えたレシピ。寒い季節にぴったりな体温まるレシピです。

ほっこり豚汁

鍋を出さずにZip Top1つで豚汁が作れます。
寒い冬にリピートしたくなるひと椀。

―― 材料（4人分） ――

豚ばら肉……100g
大根……100g
にんじん……50g
白ねぎ……10cm
油揚げ（油抜き不要のもの）
…1枚
A ┃水……400ml
　 ┗だしの素……小さじ1
味噌……大さじ1と1/2
ごま油……小さじ1
小ねぎ（小口切り）……適宜

―― 作り方 ――

1 大根は薄めのイチョウ切り、にんじんは薄めの半月切りにする。

2 **Zip Top**に1を入れてフタを真ん中だけ閉じ、600Wのレンジで3分加熱する。

3 その間に白ねぎは小口切り、油揚げは短冊切りにする。

4 2に**Zip Top**に3、**A**、1cm幅に切った豚ばら肉を入れ、**Zip Top**のフタを真ん中だけ閉じ、600Wのレンジで10分加熱する。

5 取り出したら、味噌を溶かしながら入れ、最後にごま油も入れてよく混ぜる。

6 器に盛りつけ、お好みで小ねぎを振ったら完成。

Part5 スイーツ

Zip Topならおやつもヘルシーにかんたんに。
米粉や豆乳、おからを使ったスイーツを紹介します。

米粉の豆腐パン

娘にもよく作っている豆腐パンです。
クセのない米油を使うことで食べやすい味に。

材料（2人分）

絹豆腐（充填豆腐がおすすめ）……100g
A ┃ 米粉ホットケーキMIX……60g
　┃ 米油……大さじ1（15g）
　┃ 無調整豆乳……大さじ1（15ml）
ジャム………適宜

作り方

1. **Zip Top**に軽く水気を切った絹豆腐を入れ、泡立て器でなめらかになるまでよく混ぜる。

2. 1に**A**を入れ、さらによく混ぜる。

3. **Zip Top**のフタを真ん中だけ閉じ、600Wのレンジで5分加熱する。

4. 取り出して、まな板の上に出してスティック状に切り、お好みでジャムを塗ったら完成。

Memo
豆腐は充填豆腐を使うことで、よりなめらかな口当たりになります♪

109

さつまいもの米粉蒸しパン

見た目にもかわいらしい蒸しパン。
さつまいもたっぷりで食べごたえ◎。

材料（4人分）

さつまいも……100g
砂糖……大さじ1
A ｜ 米粉ホットケーキMIX
　　……100g
　｜ 牛乳（無調整豆乳でも可）
　　……100ml
　｜ 米油……大さじ1

Memo

生っぽい部分がある場合は、追加で30秒ずつ加熱してください。

作り方

1 さつまいもは5mm角に切り、Zip Topに入れ、5分水（分量外）にさらす。

2 1の水気をよく切り、砂糖を入れてからめ、Zip Topのフタを真ん中だけ閉じ、600Wのレンジで3分加熱する。

3 その間に、ボウルにAを入れ、粉っぽさがなくなるまで混ぜ合わせておく。

4 2が加熱できたら、飾り用のさつまいも（おおよそ1/3）を取り分けておく。

5 3をZip Topに加え、さつまいもと生地を混ぜ合わせる（⚠ さつまいもがつぶれるのであまり混ぜすぎない）。その上に4をのせる。

6 Zip Topのフタを真ん中だけ閉じ、600Wのレンジで4分加熱する。

7 加熱できたらフタを完全に閉じ、1分蒸らす。

8 竹串を刺してみて、生地がついてこなかったら完成。

はちみつおから蒸しパン

すぐに作れる朝食にもぴったりの蒸しパン。
はちみつとおからの優しい味わいがほっとします。

材料(2人分)

A
- おからパウダー……20g
- 無調整豆乳……大さじ2（30ml）
- はちみつ……30g
- 卵……2個
- バニラエッセンス…4〜6滴

ベーキングパウダー……小さじ1(4g)
はちみつ（仕上げ用）…適宜

作り方

1. Zip TopにベAを入れて泡立て器でよく混ぜる。
2. 1にベーキングパウダーを加え、粉気がなくなるまでさっくり混ぜる。
3. Zip Topのフタを真ん中だけ閉じ、600Wのレンジで3分加熱する。
4. 取り出したら、まな板の上に出して切り分け、お好みではちみつをかけたら完成。

おからのバナナケーキ

卵やおからのおかげでたんぱく質豊富なケーキ。
ココア風味でふわふわした食感も魅力です。

材料(4人分)

A
- バナナ……2本
- おからパウダー……20g
- 卵……2個
- 米油……大さじ1
- 砂糖……大さじ1
- 無調整豆乳……大さじ2

B
- ココアパウダー……小さじ2
- ベーキングパウダー……6g
- お好きなナッツ(無塩)……適宜

作り方

1. バナナは飾り用に全体のうち10切れ程度を薄切りにしておく。

2. 残りのバナナは適当に切り、Zip Topに入れ、フタを真ん中だけ閉じ、600Wのレンジで1分加熱する。

3. 取り出したら、Zip Topの外側からバナナをもみ、ペースト状にする。

4. 3にAを入れ、泡立て器でよく混ぜる。

5. 4にBを入れ、粉気がなくなるまで混ぜたら、お好みで砕いたナッツを入れて軽く混ぜる(ナッツはなくてもOK)。

6. 1を等間隔に並べたら、Zip Topのフタを真ん中だけ閉じ、600Wのレンジで6分加熱したら完成。

米粉のカスタードクリーム

手間がかかるイメージのカスタードも気軽に。
グルテンフリーで楽しみ方も無限大。

材料(4人分)

米粉……大さじ2(18g)
A ┃ 卵黄……1個分
　┃ 無調整豆乳(牛乳でも可)
　┃ ……150ml
　┃ 砂糖……大さじ3(27g)
有塩バター……5g

作り方

1. Zip TopにAを入れ、泡立て器でよく混ぜる。
2. 1に米粉をふるい入れ、さらによく混ぜる。
3. Zip Topのフタを真ん中だけ閉じ、600Wのレンジで2分加熱する。
4. 取り出したら、手早くよく混ぜ、Zip Topのフタを真ん中だけ閉じ、再度600Wのレンジで1分加熱する。
5. 取り出したら、バターを入れ、溶けるまで混ぜたら完成。

Memo

できたてでも冷やしてもどちらでも楽しめます♪冷やして食べる場合は粗熱をとってから冷蔵庫で1時間以上冷やしてください。

りんごのコンポート

見た目もかわいらしく満足度の高いおやつ。
想像以上に早くできます！

材料（2人分）

りんご……1個
有塩バター……10g
レーズン……小さじ2
砂糖……大さじ1
レモン汁……小さじ1

作り方

1. りんごはよく洗い縦半分に切り、種の部分をそれぞれスプーンでくり抜く。
2. 1のくり抜いた部分にバターを1/2ずつ詰め、断面を上にしてZip Topに並べ入れる。
3. くり抜いた部分に砂糖、レモン汁、レーズンを1/2ずつ詰め、Zip Topのフタを真ん中だけ閉じ、600Wのレンジで2分加熱する。
4. 器に盛りつけ、3のZip Topに残っているソースをかけたら完成。

豆腐のバナナアイス

娘もお気に入りのアイスです。
もったりした質感のある、満足感のあるデザート。

加熱なし

187 kcal

家事ラク

材料(2人分)

バナナ……1本(150g)
牛乳(無調整豆乳でも可)……75ml
絹豆腐……75g
砂糖……大さじ4

作り方

1. Zip Topにバナナを入れ、Zip Topの外側からよくもんでペースト状にする。

2. 残りの材料を全て入れ、再びよくもんで全体を混ぜ合わせる(豆腐の形が少し残っていてもOK)。

3. 中身の空気を抜くようにZip Topのフタを閉め、冷凍庫で2時間ほど冷やし固める。

4. 取り出して、Zip Topの外側からよくもみ、再度冷凍庫で30分ほど冷やせば完成。

Memo

翌日以降に食べるときは、室温で少し溶かして、かたまりをほぐしてから食べてください。

お急ぎの場合はレンジ600W・20秒ほどで解凍してもOKです。

チョコのチーズケーキ風

ギリシャヨーグルトを使ってまるでチーズケーキの味わい！
濃厚でカカオの風味も味わえる満足度の高い大人スイーツ。

―― 材料(4人分) ――

板チョコ(ブラック)
……2枚(100g)
ギリシャヨーグルト(無糖)
……100g
卵……1個
ココアパウダー……適宜

―― 作り方 ――

1 卵は常温に戻しておく。

2 Zip Topに板チョコを手で細かく割りながら入れる。

3 Zip Topのフタを真ん中だけ閉じ、600Wのレンジで30秒加熱して混ぜる。これをあと2回繰り返す。

4 取り出したら泡立て器でなめらかになるまで混ぜ、1を入れてよく混ぜる。

5 4にギリシャヨーグルトを入れ、なじむまでよく混ぜる。

6 Zip Topのフタを真ん中だけ閉じ、再度600Wのレンジで2分加熱する。

7 取り出したら粗熱をとり、冷蔵庫で6時間以上冷やす。

8 まな板の上に出して切り分け、お好みでココアパウダーを振ったら完成。

さつまいものチーズケーキ風

粉類不使用のためさつまいもそのものが味わえます。
甘さは控えめなのではちみつなどをかけてもおいしいです。

材料(4人分)

さつまいも……100g
A
- ギリシャヨーグルト(無糖)……100g
- 卵……1個
- 砂糖……大さじ1
- バニラエッセンス……約3滴(なくてもOK)

作り方

1. さつまいもは皮をむき、適当な大きさに切る。
2. **Zip Top**に**1**、水(分量外)を入れ、5分水にさらす。
3. **2**の水を捨て、**Zip Top**のフタを真ん中だけ閉じ、600Wのレンジで4分加熱する。
4. 取り出したら、**Zip Top**の外側からもんでさつまいもをマッシュ状にする。
5. **4**に**A**を入れ、よく混ぜる。
6. **Zip Top**のフタを真ん中だけ閉じ、600Wのレンジで2分加熱する。
7. **6**の粗熱をとり、冷蔵庫で4時間以上冷やす。
8. まな板の上に出し、スティック状に切ったら完成。

もちもちごま豆腐餅

いつもの豆腐が和スイーツに変身！
Zip Topの中で黒ごまをまぶすので手も汚れません。

―― 材料（2人分） ――

絹豆腐（充填豆腐がおすすめ）……150g
片栗粉……大さじ4（40g）
砂糖……大さじ2
黒すりごま……約大さじ2

―― 作り方 ――

1 軽く水気を切った絹豆腐をZip Topに入れ、泡立て器でなめらかになるまでよく混ぜる。

2 1に片栗粉、砂糖を入れ、さらによく混ぜる。

3 Zip Topのフタを真ん中だけ閉じ、600Wのレンジで1分加熱する。

4 取り出したらよく混ぜ、Zip Topのフタを真ん中だけ閉じ、再度600Wのレンジで30秒加熱しよく混ぜる。お餅のようにまとまるまで1〜2回繰り返す。

5 取り出したら、Zip Topの中でヘラなどで4等分にする。

6 5に黒すりごまを入れ、Zip Topのフタを閉じ、シャカシャカと振って黒すりごまをよくまぶしたら完成。

おからのきなこ餅

一般的な切り餅よりかなり糖質は控えめです。
腹持ちもいいうれしいスイーツ。

真ん中　116kcal　時短

材料（2人分）

A ｜ 生おから……50g
　｜ 無調整豆乳……100ml
　｜ 片栗粉……大さじ2
きなこ……10g
砂糖……大さじ1〜2
（甘さはお好みで）

作り方

1. Zip Topに Aを入れ、泡立て器でよく混ぜる。Zip Topのフタを真ん中だけ閉じ、600Wのレンジで1分半加熱する。

2. 取り出したらよく混ぜ、Zip Topのフタを真ん中だけ閉じ、再度600Wのレンジで1分半加熱する（この時すでにもちもちしています）。

3. 取り出したら再びよく混ぜ、Zip Topの中でヘラなどを使い4等分にする。

4. 3にきなこ、砂糖を入れ、Zip Topのフタを閉じ、シャカシャカと振ってよくまぶしたら完成。

揚げない大学いも

素朴な味わいの分、カロリーもうんと控えめ。
あたたかい蜜も手作りならでは。

――― 材料(4人分) ―――

さつまいも……300〜350g(1本)
A ┃ 砂糖……大さじ2と1/2
　 ┃ 水……大さじ1
B ┃ はちみつ……大さじ1
　 ┃ 塩……小さじ1/4
黒炒りごま……適宜

――― 作り方 ―――

1　さつまいもはひと口大に切る。

2　**Zip Top**に**1**を入れ、さつまいもが浸るくらいの水(分量外)を入れて5分置く。

3　**2**の水気をよく切ったら、**A**を入れ、サッと混ぜる。

4　**Zip Top**のフタを真ん中だけ閉じ、600Wのレンジで4分加熱する。

5　加熱できたら、**B**を加えてサッと混ぜ、**Zip Top**のフタを真ん中だけ閉じ、再度600Wのレンジで3分加熱し、取り出して混ぜ、さらに2分加熱する。

6　加熱できたらお好みで黒炒りごまを入れ、全体にからめたら完成。

> **Memo**
> 揚げた大学いもより約70〜150kcal程度カロリーを抑えられます。

体を軽くしたいときの
献立5DAYS

ダイエットしたいとき、ごちそう続きや間食のしすぎなどで体が重いとき。
カロリーを抑えめにした献立を10種類組んでみました。
AorB好きなほうを選んで5日間、トライしてみてください♪

PLAN A

DAY 1

あっさり塩麻婆豆腐(P25) 262kcal
かぼちゃのバター蒸し(P52) 107kcal
ごはん(120g) 187kcal

計**556kcal**

PLAN B

オクラの白だし漬け(P63) 21kcal
豆乳担々うどん(P95) 627kcal

計**648kcal**

PLAN A

DAY 2

鮭のちゃんちゃん焼き(P38) 298kcal
切り干し大根のツナサラダ(P48) 105kcal
ごはん(120g) 187kcal

計**590kcal**

PLAN B

混ぜるだけビビンバ(P90) 477kcal
味噌だれこんにゃく(P71) 76kcal

計**553kcal**

DAY 3

PLAN A
白菜のクリーム煮（P35）69kcal

かんたんエビマヨ（P74）240kcal

ごはん（120g）187kcal

計**496kcal**

PLAN B
とろ〜り親子丼（P88）605kcal

白菜の納豆和え（P68）43kcal

計**648kcal**

DAY 4

PLAN A
まるごとピーマン肉づめ（P22）256kcal

しらたきのたらこ和え（P58）31kcal

ごはん（120g）187kcal

計**474kcal**

PLAN B
鶏むねチャーシュー（P16）313kcal

ペペロンブロッコリー（P56）105kcal

ごはん（120g）187kcal

計**605kcal**

DAY 5

PLAN A
サバのふっくら味噌煮（P40）227kcal

長いもとベーコンのサラダ（P64）118kcal

ごはん（120g）187kcal

計**532kcal**

PLAN B
たっぷりトマトのミートソース（P75）202kcal

乾パスタ（100g）347kcal

きのこのオイル蒸し（P57）71kcal

計**620kcal**

Zip Topシリーズ

ディッシュL以外にもたくさんの種類があるZip Top。
組み合わせて使えば便利さもよりアップ。
それぞれのシリーズをご紹介します。

ディッシュ

調理から保存までなんでもできるZip Topの中でも人気の高い万能シリーズ。

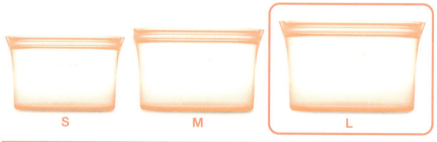

ゆき's comment	種類	カラー
一番よく使っているシリーズです！ ディッシュLは主にメイン料理を作る際や、一人分のパスタやうどんなどのご飯を作る際に大活躍。毎日使っています。ディッシュMはスープやスイーツ作りをする時にちょうど良いサイズです。ディッシュSは、ミニトマトや、使いかけの野菜、残ったおかずなどを入れて保存するのに重宝しています。	S、M、L	● ティール ○ フロスト ● グレー ● ピーチ

バッグ

漬け込みなどがおすすめ！ 薄型なので場所をとらないのが◎。

バッグ サンドイッチ

ゆき's comment	種類
野菜の水気を絞るのに最適です！バッグできゅうりの塩もみをして、そのままZip Topの外側からギュッと絞れば、手も汚れず、また衛生的です。そこにそのまま調味料を入れて味つけすれば、洗い物も出ずフタを閉じてそのまま冷蔵庫へ保存することもできます。	サンドイッチ、スナック(3点セットのみで入手可)
	カラー
	● ティール ○ フロスト ● グレー ● ピーチ

カップ

高さがあるため、液体ものや高さのある野菜の保存などにおすすめ。

ショートカップ　　M　　L

ゆき's comment	種類	カラー
1個分の蒸しパン作りや、スープなど汁気が多いものを保存するのに活用しています。ちょっと小腹が空いた時や朝ごはんやパンがない時に、ショートカップで簡単に1個分の蒸しパンができるので助かっています。	ショートカップ、S、M、L（Sは3点セットのみで入手可）	● ティール ○ フロスト ● グレー ● ピーチ

ベビースナック

お子さまの向けに作られたアイテム。
菓子入れや、ペットのおやつ入れ、文房具入れなど幅広い用途に。

ピッグ　　　ドッグ　　　ベアー　　　キャット

ゆき's comment	種類	カラー
子どもの中途半端に余ったおやつを保存するのに使ったり、自分が外出するときにデーツや干し芋を入れて持ち運びしたりするのによく使います！見た目がかわいいので、子どもも私も気に入っています。	ピッグ、ドッグ、ベアー、キャット	

127

ゆき

Zip Top® ヘビーユーザーとしてオリジナルレシピを発信する管理栄養士のワーキングマザー。産後、管理栄養士としての知見を活かしながら10kgの減量に成功。ヘルシーでおいしく、時短を叶えるレシピに人気が集まり、現在はInstagram フォロワー7万人超。

Instagram　@yuki_ziptop_diet

主菜・副菜からスープ、スイーツまで！
Zip Top®で時短ヘルシーごはん

2024年12月31日　第1刷発行

著者	ゆき
発行者	佐藤 靖
発行所	大和書房
	東京都文京区関口1-33-4
	電話 03(3203)4511

デザイン	宮下ヨシヲ（SIPHON GRAPHICA）
写真	原 幹和、著者（P46、76、96）
スタイリング	浜田恵子
制作協力	株式会社ワイ・ヨット
	Zip Top 公式オンラインストア　https://ziptop.jp/
器協力	UTUWA
校正	麦秋新社
印刷	萩原印刷
製本	ナショナル製本

ISBN978-4-479-92176-9
©2024Yuki, Printed in Japan
乱丁本・落丁本はお取り替えいたします
https://www.daiwashobo.co.jp